会计学国家级教学团队系列教材

暨南大学成人教育会计本科系列教材

《管理会计》

学习指导

Management

Accounting

胡玉明　丁友刚　卢　馨　编著

暨南大學出版社
JINAN UNIVERSITY PRESS

中国·广州

图书在版编目（CIP）数据

《管理会计》学习指导/胡玉明，丁友刚，卢馨编著．—广州：暨南大学出版社，2014.6
（暨南大学成人教育会计本科系列教材）
ISBN 978－7－5668－0990－2

Ⅰ.①管… Ⅱ.①胡…②丁…③卢… Ⅲ.①管理会计—高等学校—教学参考资料 Ⅳ.①F234.3

中国版本图书馆CIP数据核字(2014)第069207号

出版发行：暨南大学出版社

地 址：中国广州暨南大学
电 话：总编室（8620）85221601
营销部（8620）85225284 85228291 85228292（邮购）
传 真：（8620）85221583（办公室） 85223774（营销部）
邮 编：510630
网 址：http：//www.jnupress.com http：//press.jnu.edu.cn

排 版：广州市天河星辰文化发展部照排中心
印 刷：佛山市浩文彩色印刷有限公司

开 本：787mm×1092mm 1/16
印 张：10.25
字 数：171千
版 次：2014年6月第1版
印 次：2014年6月第1次
印 数：1—3000册

定 价：25.00元

总　序

会计是经济信息系统的重要组成部分和一种国际商业语言。将会计主体的财务信息真实、完整、及时地传递给内外部财务信息使用者，并满足这些财务信息使用者决策时的需要，这些对政府、投资者、债权人和管理者都是非常重要的。近年来，我国资本市场的诞生、规范和发展，彻底改变了我国企业传统的财务管理理念与方法，企业的投融资管理面临新的环境、方式和方法。财务与会计执业者所面临的各种外部环境（包括经济、政治、法律、文化环境等）发生了深刻变化，在经济全球化和管理信息复杂化的时代，会计人才不仅应具有系统、完备的会计与公司理财等方面的知识和技能，而且还必须具备国际视野，全面掌握国际会计准则，懂得国外主要经济体的相关会计法规、国际资本市场运行规律和其他相关的知识与技能。在这种背景下，为了满足会计人员学习、更新知识的需要，暨南大学会计学系、暨南大学教育学院、暨南大学出版社共同筹划了“暨南大学成人教育会计本科系列教材”，邀请暨南大学会计学系在各个学科具有丰富教学经验、有影响力的专家组成教材编写委员会，组织编写该系列教材，力求推出一套“理论与实务并重，本土化与国际化相融合，能够反映当前学科发展前沿水平，符合成人教育会计学本科特点的精品系列教材”。

“理论与实务并重”就是要针对会计学是实务性很强的经济管理科学这一特点，研究各成教会计教材所涉及的相关理论、方法及其应用，分析每一本教材的特点、难易程度和导读规律。既要讲清楚理论概念，又要设计必要的实例，通过案例教学，培养学生的实操能力。

“本土化与国际化相融合”就是要针对会计准则的国际趋同化与财务管理的国际市场化等趋势，在教材中充分借鉴国际标准和国外知名企业的先进管理理念和方法，并充分体现中国会计的特色和经验，力争做到本土化与国际化的有机结合。

“能够反映当前学科发展前沿水平”是指本系列教材应该在继承现有教材的优点和特色的基础上，吸收当前相关理论和实务操作的最新研究成果和发展动态，补充和修改相关教材体系与内容。其目的是使教材能够更好地适应新的环境变化，满足学生获取更多知识、增强专业技能的要求。

成人教育会计本科系列教材建设是一项长期而艰巨的任务，多年来，我们为此作出了不懈努力。我国的经济发展与改革日新月异，环境变化多样且复杂，相关理论和实务操作的研究成果不断涌现，由于我们的水平有限，本系列教材中存在的不周之处，恳请读者批评指正。

暨南大学成人教育会计本科系列教材编审委员会

2011年3月

编者说明

为了帮助学生更好地研读由胡玉明、丁友刚、卢馨编著的《管理会计》（暨南大学出版社，2013 年 9 月版）教材，理解和掌握管理会计课程的重点与难点，编者特编写这本《学习指导》。

本书各章框架结构如下：①学习目的与要求；②学习重点与难点；③内容提示；④练习题（主要包括单项选择题、多项选择题、判断题、简答题、计算题和案例分析或讨论题）。末尾附加各章练习题的参考答案。

本书各章编写分工如下：胡玉明教授负责编写第一章、第二章、第十章和第十二章；丁友刚教授负责编写第三章、第四章、第五章、第六章和第七章；卢馨教授负责编写第八章、第九章和第十一章。最后由胡玉明教授负责全书的修订与定稿工作。

尽管我们尽力做好本书的编写工作，但是由于水平与时间有限，书中难免存在不妥之处，敬请读者批评指正。

胡玉明

2014 年 2 月 17 日

目　录

第一篇 导 论

管理会计是管理学与会计学相融合的一门综合性学科，它侧重为企业组织内部经营管理服务，对企业组织的结构或体制以及企业组织所面临的市场环境具有依附性。本篇立足于企业组织及其管理行为，阐述管理会计的基本理念及其多维成本观念，为后续章节的讨论奠定基础。

第一章　管理会计概论

【学习目的与要求】

通过本章学习，应该了解企业组织形式及其管理行为，理解和掌握基于不同视角的企业组织、现代会计的“同源分流”、管理会计信息的基本特征以及管理会计在企业组织中的角色，明确管理会计职业化特征及其道德规范。

【学习重点与难点】

本章的学习重点是基于不同视角的企业组织、现代会计的“同源分流”及管理会计在企业组织中的角色，学习难点是管理会计信息的基本特征。

【内容提示】

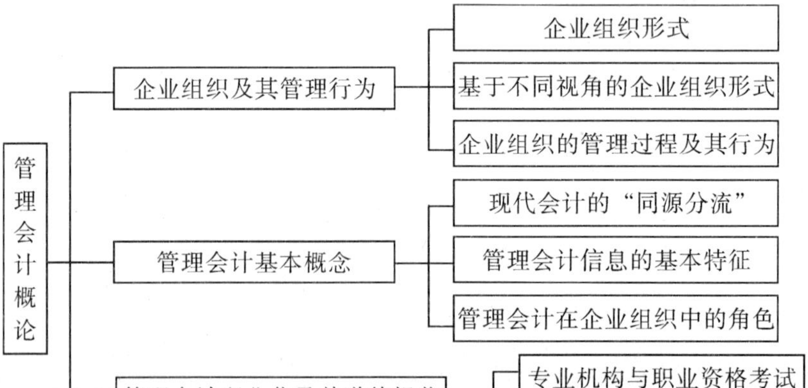

【练习题】

一、单项选择题

1. 属于独立法律主体的企业组织是（　　）。

A. 公司　　B. 独资企业

C. 合伙企业　　D. 独资企业、合伙企业和公司

2. 具有无限生命力的企业组织是（　　）。

A. 公司　　B. 独资企业

C. 合伙企业　　D. 独资企业、合伙企业和公司

3. 属于纳税主体的企业组织是（　　）。

A. 独资企业　　B. 公司

C. 合伙企业　　D. 独资企业、合伙企业和公司

4. 任何企业组织都面临“生产什么与生产多少”、“如何生产”和“为谁生产”等三个基本问题。基于价值链视角的企业组织主要关注(　　)。

A. 生产什么与生产多少　　B. 如何生产

C. 为谁生产　　D. 都关注

5. 不属于会计信息需求者的是（　　）。

A. 股东　　B. 债权人

C. 员工　　D. 注册会计师

二、多项选择题

1. 企业组织形式主要有（　　）。

A. 独资企业　　B. 合伙企业

C. 公司　　D. 股份有限公司

2. 具有有限生命力的企业组织是（　　）。

A. 公司　　B. 独资企业

C. 合伙企业　　D. 独资企业、合伙企业和公司

3. 不属于纳税主体的企业组织是（　　）。

A. 独资企业　　B. 公司

C. 合伙企业　　D. 独资企业、合伙企业和公司

4. 任何企业组织都面临“生产什么与生产多少”、“如何生产”和“为谁生产”等三个基本问题。基于战略视角的企业组织主要关注(　　)。

A. 生产什么与生产多少　　B. 如何生产

C. 为谁生产　　D. 都关注

5. 从外部需求的角度看，会计信息的需求者主要包括（　　）。

A. 股东　　B. 债权人

C. 基金经理　　D. 证券分析师

6. 从内部需求的角度看，会计信息的需求者主要包括（　　）。

A. 董事会　　B. 监事会

C. 经理人　　D. 员工

7. 以美国为例，管理会计师职业道德行为准则包括（　　）。

A. 技能　　B. 保密

C. 廉正　　D. 客观

三、判断题

1. 企业组织形式主要包括独资企业、合伙企业和上市公司。(　　)

2. 合伙企业的合伙人负无限责任。(　　)

3. 管理会计信息只满足内部信息需求者的信息需求。(　　)

4. 财务会计信息主要侧重于满足外部信息需求者的信息需求。(　　)

5. 管理会计信息强调财务性信息与非财务性信息并重。(　　)

6. 管理会计信息强调信息的行为意义。(　　)

7. 会计信息都是一种近似值。(　　)

8. 财务会计与管理会计只是会计的“同源分流”。(　　)

9. 财务会计受会计准则的制约，而管理会计不受会计准则的制约。因此，管理会计可以为所欲为。(　　)

10. 在美国只要通过考试就可以获得注册管理会计师资格认证。(　　)

四、简答题

1. 企业组织包括哪些形式？各种企业组织形式有何特征？

2. 何谓财务会计？何谓管理会计？两者有何区别与联系？

3. 会计信息的需求者包括哪些？

4. 管理会计信息具有哪些基本特征？

5. 有效会计系统提供的会计信息必须解决哪些问题？

6. 管理会计的基本目标是什么？

7. 美国管理会计师职业道德行为准则包括哪些内容？

8. 有人说“财务会计信息是目的本身，而管理会计信息是达到目的的手段”。对此，你有何评论？

五、案例分析

暨南电器公司开发了一种高速度、低成本的复印机。这种复印机主要供家庭使用。然而，随着越来越多的顾客逐渐意识到暨南电器公司生产的复印机既便宜又好用，越来越多的小企业也开始使用这种复印机。由于一些企业大量订购该产品，公司销售量直线上升。但是，由于这些企业过度使用导致机器某些部件损坏，而产品保修条款规定，不论复印机的使用量多少，其保修期都是两年。结果，暨南电器公司为更换损坏的部件而承担了高额成本。

暨南电器公司董事会的季度例会即将召开，副总会计师张三需要编制一份相关情况的报告，但是，张三很难预测这件事的确切影响。另外，许多企业用户开始向竞争对手购买更为昂贵的复印机，导致公司销售量下降。显然，维修成本上升影响了暨南电器公司的盈利能力。张三尽其所能为董事会准备了一份概括当前形势的报告。

暨南电器公司的总会计师李四十分关注这份报告对董事会的影响。她并非不赞同这些分析，只是认为这份报告将给人们留下管理层管理不力的印象，甚至可能使董事会决定停止生产这种复印机。在与工程部负责人会谈之后，李四认为只要稍微改动该复印机的设计就可以满足对复印机使用率高的顾客的需求，而停止生产该复印机可能使暨南电器公司错过一个获利机会。

李四把张三叫到她的办公室，要求他删除报告中有关部件损坏的内容。她说这些内容只需要向董事会口头汇报，同时说明该问题在技术上即将得到解决就可以了。但是，张三坚持认为，如此修改报告可能误导董事会。因为这个问题对公司盈利存在潜在的负面影响。

阅读上述资料之后，根据美国管理会计师职业道德行为准则，回答下列问题：

1. 李四对张三的要求道德吗？为什么？

2. 张三应该如何解决这个问题？

第二章　多维成本观念

【学习目的与要求】

通过本章学习，应该了解成本是一个多维的概念体系，理解和掌握基于存货计价与收益确定的成本观念及其分类、基于控制目的的成本观念及其分类、基于决策目的的成本观念及其分类，以及如何在现实企业组织的经营管理过程运用多维成本观念。

【学习重点与难点】

本章的学习重点是基于存货计价与收益确定的成本观念及其分类、基于控制目的的成本观念及其分类、基于决策目的的成本观念及其分类，学习难点是成本性态（特别是混合成本的分解）及其运用、基于决策目的的成本观念（特别是机会成本和沉落成本）及其运用。

【内容提示】

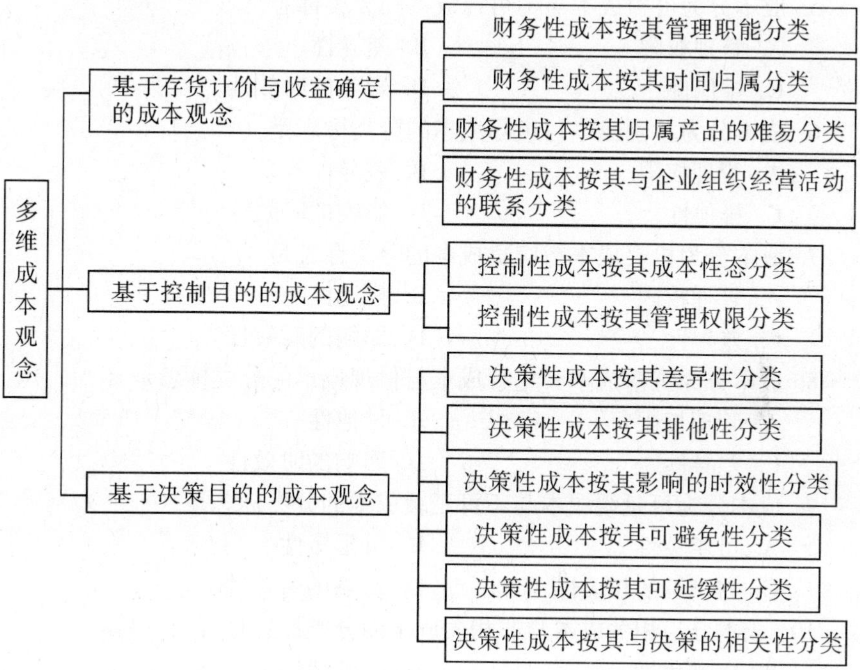

【练习题】

一、单项选择题

1. 成本分为制造成本与非制造成本的分类标志是（　　）。
   A. 管理职能　　B. 时间归属
   C. 归属于产品的难易程度　　D. 与经营活动的联系
2. 成本分为产品成本与期间成本的分类标志是（　　）。
   A. 管理职能　　B. 时间归属
   C. 归属于产品的难易程度　　D. 与经营活动的联系
3. 成本分为直接成本与间接成本的分类标志是（　　）。
   A. 管理职能　　B. 时间归属
   C. 归属于产品的难易程度　　D. 与经营活动的联系
4. 成本分为变动成本与固定成本的分类标志是（　　）。

A. 管理职能　　B. 时间归属

C. 归属于产品的难易程度　　D. 成本性态

5. 成本分为可控成本与不可控成本的分类标志是（　　）。

A. 管理权限　　B. 差异性

C. 排他性　　D. 影响的时效性

6. 成本分为差别成本与边际成本的分类标志是（　　）。

A. 管理权限　　B. 差异性

C. 排他性　　D. 影响的时效性

7. 成本分为机会成本与应负成本的分类标志是（　　）。

A. 管理权限　　B. 排他性

C. 差异性　　D. 影响的时效性

8. 成本分为沉落成本、重置成本与付现成本的分类标志是（　　）。

A. 管理权限　　B. 排他性

C. 差异性　　D. 影响的时效性

9. 成本分为可延缓成本与不可延缓成本的分类标志是（　　）。

A. 可避免性　　B. 可延缓性

C. 与决策的相关性　　D. 影响的时效性

10. 成本分为相关成本与非相关成本的分类标志是（　　）。

A. 可避免性　　B. 可延缓性

C. 与决策的相关性　　D. 影响的时效性

二、多项选择题

1. 从总体上看，成本信息必须满足（　　）。

A. 存货计价与收益确定　　B. 经营控制

C. 管理决策　　D. 计划控制

2. 财务性成本按其时间归属可以分为（　　）。

A. 产品成本　　B. 期间成本

C. 制造成本　　D. 非制造成本

3. 财务性成本按其归属于产品的难易程度可以分为（　　）。

A. 产品成本　　B. 期间成本

C. 直接成本　　D. 间接成本

4. 下列成本项目属于变动成本的有（　　）。

A. 固定资产折旧　　B. 直接材料

C. 直接人工　　D. 销售费用

5. 决策性成本按其影响的时效性可以分为（　　）。

A. 沉落成本　　B. 重置成本

C. 付现成本　　D. 应负成本

6. 下列成本项目属于相关成本的有（　　）。

A. 差别成本　　B. 沉落成本

C. 机会成本　　D. 可延缓成本

7. 下列成本项目属于非相关成本的有（　　）。

A. 边际成本　　B. 不可延缓成本

C. 不可避免成本　　D. 付现成本

8. 制造成本包括（　　）。

A. 直接材料　　B. 直接人工

C. 制造费用　　D. 管理费用

9. 主要成本包括（　　）。

A. 直接材料　　B. 直接人工

C. 制造费用　　D. 管理费用

10. 加工成本包括（　　）。

A. 直接材料　　B. 直接人工

C. 制造费用　　D. 管理费用

三、判断题

1. 成本信息必须满足存货计价与收益确定、经营控制和管理决策三种目的。（　　）

2. 基于存货计价与收益确定的成本观念主要满足企业组织存货计价与收益确定的信息需求。这类成本通常称为财务性成本。（　　）

3. 按其管理职能，财务性成本可以分为制造成本与期间成本。（　　）

4. 按其时间归属，财务性成本可以分为产品成本与期间成本。（　　）

5. 基于控制目的的成本观念主要满足企业组织经营控制的信息需求。这类成本通常称为控制性成本。（　　）

6. 按其成本性态，控制性成本可以分为变动成本与固定成本。（　　）

7. 所有成本都是可控成本。（　　）

8. 决策性成本观念主要满足企业组织经营管理决策的信息需求。这类成本通常称为决策性成本。（　　）

9. 所有决策性成本都是相关成本。(　　)

10. 所有未来成本都是相关成本。(　　)

四、计算题

1. 华美公司的成本总额由直接材料成本、直接人工成本、制造费用和销售及管理费用构成。有关数据如下：

(1) 直接材料成本、直接人工成本和制造费用为成本总额的80%。

(2) 直接材料成本、直接人工成本占上述直接材料成本、直接人工成本和制造费用三项成本之和的80%。

(3) 直接材料成本为上述直接材料成本、直接人工成本两项成本之和的75%。

(4) 间接材料成本为制造费用的20%。

(5) 耗用材料成本总额为512 000元。

根据上述资料，请问：

(1) 直接材料成本为多少?

(2) 间接材料成本为多少?

(3) 直接人工成本为多少?

(4) 制造费用为多少?

(5) 销售及管理费用为多少?

(6) 成本总额为多少?

2. 南方公司只生产和销售一种产品。其过去的历史成本数据显示：与最高业务量（75 000件）及最低业务量（50 000件）相对应的成本总额分别为176 250元和142 500元。南方公司的成本总额包括变动成本、固定成本和混合成本三类。南方公司对最低业务量下的成本总额进行分析得到如下信息：

变动成本总额	50 000元
固定成本总额	60 000元
混合成本总额	32 500元
成本总额	142 500元

如果南方公司某年度计划生产65 000件产品。根据上述资料，要求计算其混合成本总额和成本总额。

3. 某公司的历史成本数据表明，维修成本在相关范围内的变动情况如下表所示：

月份	机器小时（小时）	维修成本（元）
1	440	460
2	460	500
3	380	400
4	240	400
5	240	400
6	180	300
7	140	280
8	220	280
9	280	320

要求：

（1）运用高低点法分解维修成本。

（2）运用回归分析法分解维修成本。

（3）如果机器小时预计为450小时，其维修成本为多少？

（4）如果高低点法与回归分析法的计算结果不同，其可能原因是什么？

4. 如果南华公司生产和销售一种产品，其成本与产量之间的关系为 $Y=25+2X$，那么，其边际成本为多少？

五、简答题

1. 财务性成本按其管理职能如何分类？
2. 财务性成本按其时间归属如何分类？
3. 财务性成本按其归属于产品的难易程度如何分类？
4. 财务性成本按其与企业组织经营活动的联系如何分类？
5. 何谓成本性态？控制性成本按其性态如何分类？如何分解混合成本？
6. 控制性成本按其管理权限如何分类？
7. 决策性成本如何分类？

六、讨论题

1. 固定成本的分配是一个算术问题还是一个管理问题?
2. 倡导多维成本观念是否意味着倡导“做假账”?

第二篇　从成本会计到管理会计

成本会计既是管理会计的前身，也是连接财务会计与管理会计的桥梁。以成本性态为起点，从标准成本法到变动成本法体现了从成本会计到管理会计的发展历程。

第三章　标准成本法

【学习目的与要求】

通过本章学习，应该了解标准成本法的性质与作用，理解和掌握标准成本的制定与差异分析。

【学习重点与难点】

本章的学习重点是标准成本的制定，学习难点是差异分析。

【内容提示】

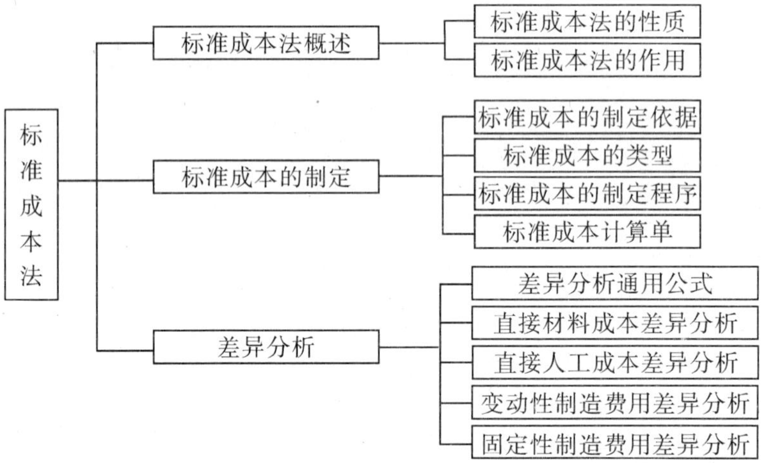

【练习题】

一、单项选择题

1. 如果成本差异期末结转采用直接处理法，本月发生的各种成本差异全部计入（　　）。

A. 月末存货成本　　B. 本月损益

C. 生产成本　　D. 存货成本或销售成本

2. 固定性制造费用的产量差异为（　　）。

A. 利用生产能量工时与实际工时的差额，乘以固定性制造费用标准分配率计算得出的结果

B. 利用生产能量工时与实际产量标准工时的差额，乘以固定性制造费用标准分配率计算得出的结果

C. 利用实际工时与实际产量标准工时的差额，乘以固定性制造费用的标准分配率计算得出的结果

D. 利用实际制造费用减去实际产量标准工时的差额，乘以固定性制造费用标准分配率计算得出的结果

3. “直接人工效率差异”科目的借方余额表明（　　）。

A. 标准工时超过实际工时

B. 实际工时超过标准工时

C. 标准工资率与标准工时超过实际工资率与实际工时

D. 实际工资率与实际工时超过标准工资率与标准工时

4. 某产品的单位产品标准成本为：工时消耗为 3 小时，变动性制造费用小时分配率为 5 元，固定性制造费用小时分配率为 2 元，本月生产产品 500 件，实际使用工时 1 400 小时，生产能量为 1 620 小时，实际发生变动性制造费用为 7 700 元，实际发生固定性制造费用为 3 500 元。下列有关制造费用差异计算不正确的有（　　）。

A. 变动性制造费用耗费差异为 700 元

B. 变动性制造费用效率差异为 −500 元

C. 固定性制造费用支出差异为 260 元

D. 固定性制造费用支出差异为 −200 元

E. 固定性制造费用产量差异为 240 元

5. 下列变动成本差异中，无法从生产过程的分析中直接找出原因的是(　　)。

A. 变动性制造费用效率差异　B. 变动性制造费用支出差异

C. 材料价格差异　D. 直接人工差异

6. 以下关于变动性制造费用效率差异的计算公式中，正确的是(　　)。

A. 变动性制造费用实际数－变动性制造费用预算数

B. （实际工时－标准产量标准工时）×变动性制造费用标准分配率

C. （生产能量－实际工时）×变动性制造费用标准分配率

D. （实际工时－实际产量标准工时）×变动性制造费用标准分配率

7. 通常应对不利的材料价格差异负责的部门是（　　）。

A. 质量控制部门　B. 采购部门

C. 工程设计部门　D. 生产部门

8. 本月生产 A 产品 6 000 件，实际耗用甲材料 30 000 公斤，其实际价格为每公斤 28 元。A 产品甲材料的用量标准为 4 公斤，价格标准为 30 元，那么，其直接材料成本差异为（　　）元。

A. 118 600　B. 125 000

C. 112 000　D. 120 000

9. 本月生产产品 400 件，使用材料 2 000 公斤，材料单价每公斤为 2.0 元；直接材料的单位产品标准成本为 12 元，每公斤材料的标准价格为 2.5 元，每件产品的标准耗用量为 4.8 公斤。那么，(　　)。

A. 直接材料价格差异为－1 000 元

B. 直接材料价格差异为 1 000 元

C. 直接材料数量差异为 160 元

D. 直接材料价格差异为－960 元

二、多项选择题

1. 原材料质量低劣，会造成（　　）向不利方面扩大。

A. 直接材料成本的用量差异　B. 直接人工成本的效率差异

C. 变动制造费用的效率差异　D. 固定制造费用的产量差异

2. 各成本差异科目的贷方登记（　　）。

A. 成本超支差异　　B. 成本节约差异
C. 超支差异转出额　　D. 节约差异转出额

3. 可以用来计算固定性制造费用产量差异的公式有（　　）。
A. 固定性制造费用产量差异 = 固定性制造费用预算数 – 固定性制造费用标准成本
B. 固定性制造费用产量差异 =（生产能量 – 实际产量标准工时）× 固定性制造费用标准分配率
C. 固定性制造费用产量差异 =（实际工时 – 实际产量标准工时）× 固定性制造费用标准分配率
D. 固定性制造费用产量差异 = 固定性制造费用标准分配率 × 生产能量 – 固定性制造费用标准分配率 × 实际产量标准工时

4. 材料价格差异产生的原因主要有（　　）。
A. 供应单位和供应价格的变化　B. 废品、次品率的变动
C. 材料质量的变化　　D. 运输方式和运输路线的变化

5. 材料数量差异形成的原因主要有（　　）。
A. 产品设计和工艺的变更
B. 工人技术操作水平的升降和责任心强弱变化
C. 采购批量的变动
D. 材料质量的变化

6. 影响变动性制造费用效率差异的原因有（　　）。
A. 工作环境不良　　B. 新工人上岗太多
C. 加班或使用临时工　　D. 工资率调整

7. 在确定直接人工标准成本时，标准工时包括（　　）。
A. 直接加工操作必不可少的时间
B. 必要的工间休息
C. 调整设备时间
D. 可避免的废品耗用工时

三、判断题

1. 本月生产产品 400 件，实际使用工时 840 小时，支付工资 4 300 元；直接人工的标准成本为 10 元/件，即每件产品标准工时为 2 小时，标准工资率为 5 元/小时，那么，工资率差异为 100 元，人工效率差异为 200 元。（　　）

2. 在材料成本差异分析中，价格差异总额根据价格差异乘以“实际”用量计算，而数量差异总额却根据用量差异乘以“标准”价格计算。（　　）

3. 购入材料30 000公斤，标准成本为0.3元/公斤，实际成本为0.27元/公斤，其会计处理为：

借：原材料　　　　　　9 000

　贷：材料数量差异　　　　　900

　　　银行存款　　　　　　8 100　　　　　　（　　）

4. 税法和会计制度都要求以实际成本反映产品成本，因此，采用标准成本法计算产品成本时，会计期末必须将完工产品成本加减各项差异，将标准成本调整为实际成本。（　　）

5. 现行标准成本和基本标准成本都可以用作评价实际成本的尺度。（　　）

6. 正常标准成本从数额上看，它应当大于理想标准成本，但又小于历史平均成本。（　　）

7. 采用标准成本法，“生产成本”账户无论是借方还是贷方，都只能登记实际数量的标准成本。（　　）

四、计算题

1. 某企业采用标准成本法，A产品的正常生产能量为1 000件，单位产品标准成本如下：

直接材料：0.1公斤×150元/公斤=15元

直接人工：5小时×4元/小时=20元

制造费用：

其中：变动性制造费用：6 000元/1 000件=6元/件

　　　固定性制造费用：5 000元/1 000件=5元/件

单位产品标准成本　　　　　　　　46元

本月生产A产品800件，实际单位成本为：

直接材料：0.11公斤×140元/公斤=15.4元

直接人工：5.5小时×3.9元/小时=21.45元

制造费用：

其中：变动性制造费用：4 000元/800件=5元/件

固定性制造费用：5 000 元/800 件 =6.25 元/件

单位产品实际成本　　48.1 元

根据上述资料，要求：

（1）计算直接材料成本差异。

（2）计算直接人工成本差异。

（3）计算变动性制造费用差异。

（4）计算固定性制造费用差异。

2. 某企业本月实际产量500 件，发生固定性制造费用1 500 元，实际工时为900 小时。该企业生产能量为600 件即1 200 小时，每件产品固定性制造费用标准成本为3.2 元/件，每件产品标准工时为1.6 小时/件。要求：计算固定性制造费用的各项差异并验算。

五、简答题

1. 企业应该如何制定标准成本？
2. 在制定标准成本过程中，应该考虑哪些因素？
3. 为什么通常把成本差异分为价格差异与数量差异两大类？在成本差异中哪些属于价格差异？哪些属于数量差异？
4. 如何进行直接材料成本差异分析？
5. 如何进行直接人工成本差异分析？
6. 如何进行变动性制造费用差异分析？
7. 如何进行固定性制造费用差异分析？
8. “材料价格差异应由采购部门负责，材料用量差异应由生产部门负责。”你认为这句话正确吗？为什么？

六、案例分析

奥运公司是台湾商人在广东省东莞市投资生产吉他的企业。该公司总经理陈斌是台湾人。在他接任这家公司总经理之前，该公司的总经理由大陆本土的一位职业经理人担任。之前，奥运公司的产品都采用实际成本法核算。因为原来的总经理认为实际成本法能帮助他及时了解每把吉他的成本，以便能够及时地控制成本。然而，经历两年的运营之后，该公司台湾总部发现，成本水平一直不能降下来，这令总部不满。于是，台湾总部就派了从事多年成本管理工作的陈斌接替原来的总经理。

陈斌提出在奥运公司实施标准成本法。于是，他要求下属准确地描述该公司的生产流程。随后，下属向陈斌报告如下情况：

奥运公司设有两个部门，一个是吉他身构造部门，另一个是吉他成品部门。在吉他身构造部门，高度熟练的技术人员制成木质吉他，并贴上几层木板。然后，这些构造部门的完工产品送到了成品部门，在那里包上边、装上琴弦。成品部门的工人还把这些吉他调好声音，并进行检测。

听了上述报告之后，陈斌聘请了几位信息专业人士调查了竞争对手的成本情况。一个多月之后，这几位信息专业人士分别提交了报告。在几份报告中，成本状况最好的公司是这样的：

（1）直接人工：

构造部门：3 小时，单位工资率 20 元/小时

成品部门：1.5 小时，单位工资率 25 元/小时

（2）直接材料：

每把吉他耗费的镶面板为 4 公斤，其价格是 10 元/公斤

琴弦每条的标准价格为 5 元，需要 5 条琴弦

（3）变动性制造费用：

构造部门工时：3 小时/件，动力费成本是 1.5 元/小时，镶木板的冲洗费是 2 元/小时

成品部门工时：1.5 小时/件，动力费是 1.5 元/小时，检测费用 2 元/小时

（4）固定性制造费用：

构造部门每月的生产工时：1 500 小时

构造部门每月的固定性制造费用为：

厂房折旧	100 000 元
设备折旧	85 000 元
保险	20 000 元
车间管理人员工资	15 000 元
合计	220 000 元

成品部门每月的生产工时：750 小时

成品部门的固定性制造费用为：

厂房折旧	80 000 元
设备折旧	65 000 元
保险	15 000 元

车间管理人员工资　　10 000 元
合计　　　　　　　170 000 元

根据上述资料，要求：

1. 如果奥运公司以该竞争对手的成本数据为标准成本，请制定奥运公司的标准成本。

2. 奥运公司以该竞争对手的成本数据制定标准成本可能产生什么问题？

3. 如果陈斌只是通过个人的决策制定了标准成本，进而在奥运公司推行标准成本法，可能产生什么影响？

4. 陈斌还需要做什么工作，以确保标准成本法能够在奥运公司顺利实施并取得满意的效果？

第四章　变动成本法

【学习目的与要求】

通过本章学习，应该理解和掌握完全成本法及其存在的问题、变动成本法及其与完全成本法的区别、变动成本法的评价与运用。

【学习重点与难点】

本章的学习重点是变动成本法及其与完全成本法的区别。学习难点是变动成本法的评价与运用。

【内容提示】

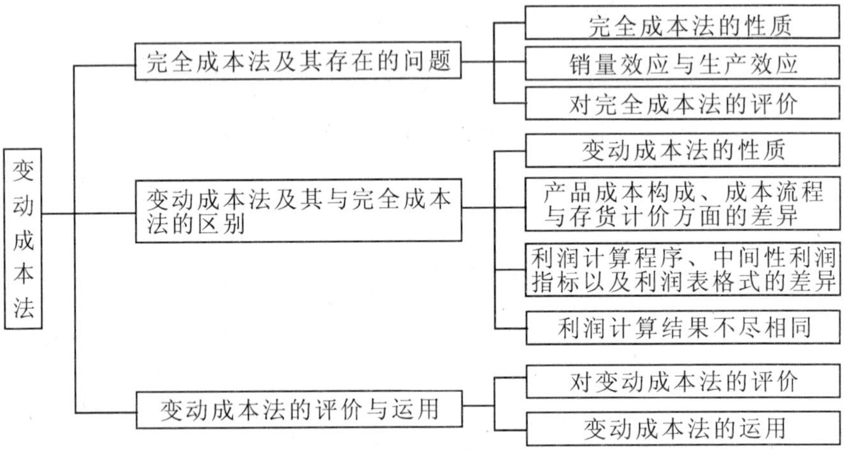

【练习题】

一、单项选择题

1. 如果完全成本法的期末存货成本比期初存货成本多10 000元，而变动成本法的期末存货成本比期初存货成本多4 000元，那么，可断定两种成本法的税前利润之差为（　　）。

A. 14 000元　　B. 10 000元

C. 6 000元　　D. 4 000元

2. 根据变动成本法，销售收入减去变动成本等于（　　）。

A. 销售毛利　　B. 税后利润

C. 税前利润　　D. 贡献毛益

3. 变动成本法与完全成本法分期税前利润出现差异的根本原因在于（　　）。

A. 变动生产成本出现了差异

B. 对固定性制造费用的处理方法不同

C. 销售费用、管理费用和财务费用计入利润表的位置和补偿途径不同

D. 计入当期利润表的固定性制造费用的水平出现了差异

4. 如果完全成本法期末存货吸收的固定性制造费用大于期初存货释放的固定性制造费用，那么两种方法税前利润的差额（　　）。

A. 一定等于零　　B. 可能等于零

C. 一定大于零　　D. 一定小于零

5. 根据变动成本法，固定性制造费用应当列作（　　）。

A. 非生产成本　　B. 期间成本

C. 产品成本　　D. 直接成本

6. 下列项目中，不能列入变动成本法下产品成本的是（　　）。

A. 直接材料　　B. 直接人工

C. 变动性制造费用　　D. 固定性制造费用

7. 已知2000年某企业按变动成本法计算的税前利润为13 500元。假定2001年销量与2000年相同，产品单价及成本水平都不变，但产量有所提高。那么，2001年按变动成本法计算的税前利润（　　）。

A. 必然大于 13 500 元　　B. 必然等于 13 500 元

C. 必然小于 13 500 元　　D. 可能等于 13 500 元

8. 如果某企业连续三年按变动成本法计算的税前利润分别为 10 000 元、12 000 元和 11 000 元，那么，下列表述中唯一正确的是（　　）。

A. 第三年的销量最小　　B. 第二年的销量最大

C. 第一年的产量比第二年少　　D. 第二年的产量比第三年多

9. 贡献毛益是指产品的销售收入与相应的（　　）之间的差额。

A. 变动成本　　B. 固定成本

C. 总成本　　D. 单位售价

10. 如果某期按变动成本法计算的税前利润为 5 000 元，该期产量为 2 000件，销售量为 1 000 件，期初存货为零，固定性制造费用总额为 2 000 元，那么，按完全成本法计算的税前利润为（　　）。

A. 0 元　　B. 1 000 元

C. 5 000 元　　D. 6 000 元

11. 根据变动成本法，产品成本是指（　　）。

A. 制造费用　　B. 生产成本

C. 变动生产成本　　D. 变动成本

12. 下列各项中，能反映变动成本法局限性的说法是（　　）。

A. 导致企业盲目生产　　B. 不利于成本控制

C. 不利于短期决策　　D. 不符合传统的成本观念

13. 用变动成本法计算产品成本时，对固定性制造费用的处理是（　　）。

A. 不将其作为费用

B. 将其作为期间费用，全额列入利润表

C. 将其作为期间费用，部分列入利润表

D. 在每单位产品之间分摊

14. 有关固定成本特点的说法，正确的是（　　）。

A. 单位固定成本随业务量变动成正比例变动

B. 固定成本总额随业务量变动成正比例变动

C. 单位固定成本随业务量变动成反比例变动

D. 固定成本总额随业务量变动成反比例变动

15. 在相关范围内，单位变动成本（　　）。

A. 在不同产量水平下各不相同　B. 在各种产量水平下保持相同

C. 随产量增加而增加　　　　D. 随产量增加而减少

16. 根据变动成本法，固定性制造费用和非制造成本应（　　）处理。

A. 作为期间成本　　　　B. 作为产品成本

C. 递延到下期　　　　D. 按在产品与产成品分摊

17. 如果本期销售量比上期增加，那么可断定按变动成本法计算的本期税前利润（　　）。

A. 本期一定等于上期　　　　B. 本期应当大于上期

C. 本期应当小于上期　　　　D. 本期可能等于上期

18. 当期初无存货，期末有存货，完全成本法确定的税前利润（　　）变动成本法确定的税前利润。

A. 小于　　　　B. 大于

C. 等于　　　　D. 或大于或小于

19. 在单价和成本水平不变的条件下，当前后期产量不变时，按完全成本法确定的税前利润（　　）。

A. 增加　　　　B. 减少

C. 不变　　　　D. 或多或少或不变

20. 从数额上看，税前利润差额应当等于按完全成本法计算的(　　)。

A. 期末存货成本与期初存货成本中的固定生产成本之差

B. 期末与期初的存货量之差

C. 利润超过按变动成本法计算的利润的部分

D. 生产成本与销货成本之差

二、多项选择题

1. 根据完全成本法，期间费用包括（　　）。

A. 制造费用　　　　B. 变动性制造费用

C. 固定性制造费用　　　　D. 推销成本

E. 管理费用

2. 根据变动成本法，期间成本包括（　　）。

A. 管理费用　　　　B. 销售费用

C. 制造费用　　　　D. 固定性生产成本

E. 非生产成本

3. 变动成本法与完全成本法的区别表现在（　　）。

A. 产品成本的构成内容不同　　B. 存货成本水平不同

C. 损益确定程序不同　　D. 编制的利润表格式不同

E. 计算出的税前利润不同

4. 根据变动成本法，确定销售产品变动成本主要依据（　　）进行计算。

A. 销售产品变动生产成本　　B. 期末存货成本

C. 期初存货成本　　D. 销售收入总额

E. 销售产品变动推销及管理费用

5. 如果两种成本计算方法的税前利润差额不等于零，那么完全成本法期末存货吸收的固定性制造费用与期初存货释放的固定性制造费用的数量关系可能是（　　）。

A. 前者等于后者　　B. 前者大于后者

C. 前者小于后者　　D. 两者皆为零

E. 两者皆不为零

6. 根据完全成本法，计入当期利润表的期间成本包括（　　）。

A. 固定性制造费用　　B. 变动性制造费用

C. 固定性销售和管理费用　　D. 变动性销售和管理费用

E. 制造费用

三、判断题

1. 变动成本法可以避免像完全成本法那样由于受本期产量高低的影响，而把功过延期反映在下个会计期间的销售成本和盈亏上。（　　）

2. 变动成本法主要适应于企业外部具有经济利害关系的团体或个人的需要而编制的报表。（　　）

3. 完全成本法往往鼓励企业片面追求产量，盲目生产，造成仓库积压。（　　）

4. 基于对变动与完全成本法优缺点的认识，企业可以对产成品和存货的计价以及基本财务报表的编制采用变动成本法，而对内部管理则采用完全成本法。（　　）

四、计算题

1. 华义公司在第一个经营年度生产了 40 000 件产品，并以每件 30 元卖出了 35 000 件。该公司选择了实际产量 40 000 件计算预先确定的制造费用分配率。生产成本如下（单位：元）：

直接材料	300 000
直接人工	80 000
预计和实际的变动性制造费用	150 000
预计和实际的固定性制造费用	170 000

要求：

（1）根据变动成本法，计算单位产品成本与完工存货成本。

（2）根据完全成本法，计算单位产品成本与完工存货成本。

2. 下面是A公司上一年度的信息

期初存货量：	50 000件
本期产量：	47 500件
期末存货量	2 500件

单位产品变动成本（单位：元）：

直接材料	12.00
直接人工	3.00
变动性制造费用	2.10
变动性销售费用	3.00

每年的固定费用（单位：元）：

固定性制造费用	80 000
固定性销售与管理费用	236 000

该公司期末没有在产品。正常生产量是50 000件产品。预计制造费用和实际制造费用相同。

要求：

（1）不用编制利润表，指出变动成本法的利润与完全成本法的利润将相差多少？

（2）假设每件产品的销售价格为32元，利用变动成本法和完全成本法分别编制一份利润表。

3. 长远实业公司头两年的经营数据如下（单位：元）：

单位产品变动成本：

直接材料	5
直接人工	4
变动性制造费用	3

每年固定费用：

制造费用	90 000

销售与管理费用　　　　　　20 000

该公司第一年生产 20 000 件产品，销售 15 000 件。第二年生产 15 000 件并卖出 20 000 件。销售价格是 20 元。该公司采用实际成本法对成本进行核算。

要求：

（1）运用完全成本法编制这两年的利润表。从第一年到第二年，用利润评价该公司绩效，你认为该公司的绩效是提升还是下降了？

（2）运用变动成本法编制这两年的利润表。从第一年到第二年，用利润评价该公司绩效，你认为该公司的绩效是提升还是下降了？

（3）你认为，哪种方法比较合理地评价了该公司的绩效？

4. 西北公司 2010 年 9 月份的产销量资料如下表所示：

月份	期初存货	本期生产量	本期销售量	期末存货
9 月份	0	2 000 件	1 000 件	1 000 件

西北公司 2010 年 9 月份投产的 2 000 件产品全部在本月完工。其生产成本情况如下表所示（单位：元）：

成本项目	单位成本
直接材料	10
直接人工	10
变动性制造费用	10
单位变动成本合计	30

西北公司生产车间每月固定性制造费用 10 000 元，这些成本在每个月产量为 1 ~2 000 件间保持不变。西北公司 2010 年 9 月份的非制造成本情况如下表所示（单位：元）：

项目	固定性费用	单位变动性费用
销售费用	2 000	20
管理费用	2 000	10
财务费用	1 000	0

单位变动性费用是每销售 1 件产品的费用。单位产品销售价格为 100 元。

根据上述资料，要求：

（1）运用变动成本法，为西北公司上述经济业务做出必要的会计分录、编制其利润表，并指出其期末库存商品的价值。

（2）运用完全成本法，为西北公司上述经济业务做出必要的会计分录、编制其利润表，并指出其期末库存商品的价值。

（3）期末为西北公司做出必要的会计分录，将变动成本法转化为完全成本法。

五、简答题

1. 何谓变动成本法？
2. 变动成本法与完全成本法的主要区别表现在哪些方面？
3. 如何编制以变动成本法为基础和以完全成本法为基础的利润表？
4. 如何评价变动成本法？
5. 为什么说“变动成本法是改善经营管理、提高经济效益的重要工具”？
6. 采用变动成本法时，如何兼顾对外编制财务报告的需要？
7. 结合绩效评价，分析采用变动成本法与完全成本法对经理人的行为的影响。

六、案例分析

五连公司是生产口服液的国有企业，其年生产能力是 40 000 000 瓶。2000 年生产和销售 10 000 000 瓶，该年度既没有期初存货，也没有期末存货。2000 年度的利润表如下（单位：元）：

项目	费用
销售收入	30 000 000
销售成本	
变动成本	10 000 000
固定性制造费用	24 000 000
销售毛利	-4 000 000
销售与行政管理费用（假设全部为固定性费用）	5 000 000
税前利润	-9 000 000

从上表来看，该公司此年度严重亏损。该公司上级领导以及董事会对此十分重视，因此专门召开会议研究如何扭转亏损。会上董事长对目前的总经理很不满意，提出更换总经理的提议，众人都同意。另外，董事长提出让该公司原来的一名主管财务工作的副总经理赵诩担任总经理。报酬方面，赵诩的要求是：不领取固定工资，而是领取税前利润的10%。董事会与上级领导研究讨论，最终同意这个方案，并且签订了聘用合同。

赵诩上任后，立即狠抓生产，使得该公司的生产产量上升到30 000 000瓶。2001年度，销售量保持在2000年的水平上。在其他条件不变的情况下，该公司2001年实现了税前利润7 000 000元。在经过注册会计师审计，董事会核实之后，该公司按照合同约定支付给赵诩700 000元的年薪。就在这个时候，赵诩声称，该公司已经实现利润了，他已经完成历史使命，准备接受另外一家公司总经理的聘任，所以辞去了总经理的职位。

根据上述材料，回答下列问题：

1. 该公司2001年度7 000 000元的税前利润是怎么来的？请分别利用完全成本法和变动成本法为该公司编制2001年度的利润表。

2. 如果你是该公司董事长，你认为赵诩这种做法合理吗？

第三篇　经营管理决策

以企业组织的相关成本为基础的经营管理决策是管理会计的重要内容之一。本篇从短期与长期的时间维度阐述企业组织的经营管理决策。

第五章　本量利分析

【学习目的与要求】

通过本章学习，应该了解本量利分析的性质与基本假设，理解和掌握基本损益方程式、贡献毛益与盈亏临界点（图）、安全边际与保利点、经营杠杆与成本结构以及多品种盈亏临界点。

【学习重点与难点】

本章的学习重点是基本损益方程式、贡献毛益与盈亏临界点（图）以及安全边际与保利点，学习难点是经营杠杆与成本结构以及多品种盈亏临界点。

【内容提示】

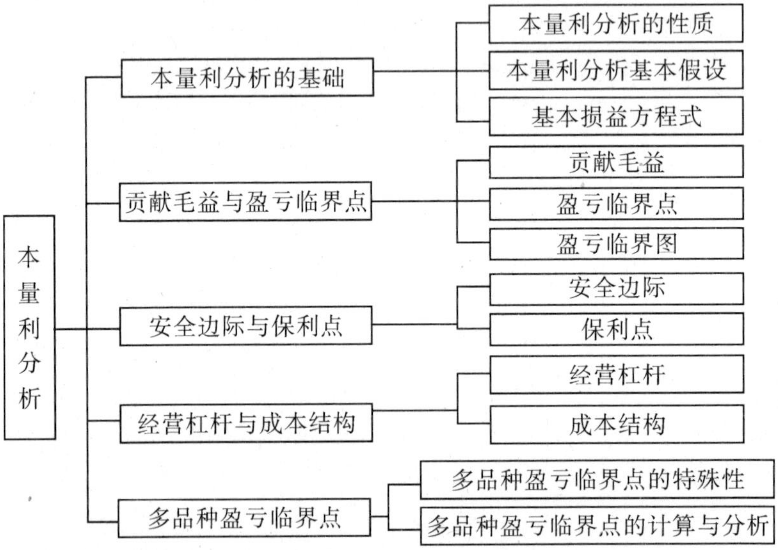

【练习题】

一、单项选择题

1. 甲企业2005年的销售收入为2 000万元，产品变动成本为1 400万元，变动性销售与管理费用为100万元，固定性销售与管理费用为400万元。那么，（　　）。

A. 制造贡献毛益为500万元　　B. 产品贡献毛益为500万元

C. 变动成本率为60%　　D. 销售利润为600万元

2. 在正常销售量不变的条件下，盈亏临界点的销售量越大，说明企业的（　　）。

A. 经营风险越小　　B. 经营风险越大

C. 财务风险越小　　D. 财务风险越大

3. 下列等式错误的是（　　）。

A. 贡献毛益 = 固定成本 + 利润

B. 贡献毛益率 = 变动成本率 + 1

C. 加权平均贡献毛益率 = ∑（各产品贡献毛益率 × 各产品销售额占全部销售额的比重）

D. 加权平均贡献毛益率 = ∑各产品贡献毛益 ÷ ∑各产品销售额 × 100%

二、多项选择题

1. 盈亏临界点销售额下降的业务有（　　）。

A. 增加固定成本　　B. 提高安全边际

C. 降低单位变动成本　　D. 提高贡献毛益率

2. 已知2007年某企业共计生产销售甲乙两种产品，销售量分别为10万件和15万件，单价分别为20元和30元，单位变动成本分别为12元和15元，单位变动销售成本分别为10元和12元，固定成本总额为100万元。根据上述材料下列说法正确的有（　　）。

A. 加权贡献毛益率为56.92%

B. 加权贡献毛益率为46.92%

C. 盈亏临界点销售额为213.13万元

D. 甲产品盈亏临界点销售量为3.28万件

3. 以下关于利润的表达式正确的有（　　）。

A. 单价×销量－单位变动成本×销量－固定成本

B. 销售收入×（1－盈亏临界点作业率）×贡献毛益率

C. 安全边际率×贡献毛益

D. 安全边际率×（销售收入－变动成本）

4. 某企业只生产一种产品，单价20元，单位变动成本12元，固定成本为2 400元，满负荷运转下的正常销售量为400件。以下说法中，正确的有（　　）。

A. 在“销售量”以金额表示的贡献毛益式本量利图中，该企业的变动成本线的斜率为12%

B. 在保本状态下，该企业生产经营能力的利用程度为75%

C. 安全边际中的贡献毛益等于800元

D. 该企业的生产经营较安全

5. 某产品单价为8元，固定成本总额为2 000元，单位变动成本为5元，计划产销量600件，要实现400元的利润，可分别采用的措施有（　　）。

A. 减少固定成本600元　　B. 提高单价1元

C. 提高产销量200件　　D. 降低单位变动成本1元

6. 下列各项中，能同时影响保本点、保利点的因素有（　　）。

A. 单位贡献毛益　　B. 贡献毛益率

C. 固定成本总额　　D. 变动成本额

7. 下列各式计算结果等于贡献毛益率的有（　　）。

A. 单位贡献毛益/单价　　B. 1－变动成本率

C. 贡献毛益/销售收入　　D. 固定成本/保本销售额

8. 安全边际指标的表现形式包括（　　）。

A. 安全边际量　　B. 安全边际率

C. 安全边际额　　D. 贡献毛益率

9. 下列各项中，有可能成立的关系有（　　）。

A. 贡献毛益率大于变动成本率

B. 贡献毛益率小于变动成本率

C. 贡献毛益率＋变动成本率＝1

D. 贡献毛益率和变动成本率都大于零

10. 在单一品种条件下，影响保利点的因素包括（　）。

A. 单价　　B. 固定成本总额

C. 单位变动成本　　D. 目标利润

三、判断题

1. 传统式本量利关系图能反映成本与销售量（额）的关系，但无法反映贡献毛益与其他因素的关系，而利量式关系图不能显示销售量（额）变动对成本的影响。（　　）

2. 销售利润率可通过贡献毛益率乘以安全边际率求得。（　　）

3. 单价、单位变动成本及固定成本总额变动都会引起保本点、保利点同方向变动。（　　）

4. 安全边际率和保本作业率是互补的，即安全边际率 × 保本作业率 = 1。（　　）

5. 保本图的横轴表示销售收入和成本，纵轴表示销售量。（　　）

6. 在标准本量利关系图中，当销售量变化时，盈利三角区和亏损三角区都会变动。（　　）

7. 在贡献毛益式本量利关系图中，销售收入线与固定成本线之间的垂直距离是贡献毛益。（　　）

8. 因为安全边际是正常销售额超过保本点销售额的差额，并表明销售额下降多少企业仍不至于亏损，所以安全边际部分的销售额也就是企业的利润。（　　）

9. 单价、单位变动成本和固定成本同时变化，则利润也必定发生变化。（　　）

10. 在一定时期内，企业的保本作业率为零，则可以判断该企业处于保本状态。（　　）

四、计算题

1. 利用本量利分析，填补下表空缺数据。

项目	序号			
	(1)	(2)	(3)	(4)
销售额		800 000		1 100 000
变动成本	400 000		500 000	220 000

（续上表）

项目	序号			
	（1）	（2）	（3）	（4）
贡献毛益总额		150 000	800 000	
固定成本与费用	300 000			
税前利润			400 000	400 000
盈亏临界点销售额	400 000	800 000		

2. 高地公司是生产旅行包的专业生产商，拥有两个很有名的旅行包品牌，产品受到世界各地旅行者、冒险者等人的欢迎。该公司在过去一年里生产并销售了100 000只背包。每只背包的平均价格是200元。单位变动性制造成本是50元，单位变动性销售成本是40元，固定成本中，制造费用为4 000 000元，销售费用为2 000 000元。年末没有存货，不考虑所得税。

要求：

（1）计算高地公司以销售量表示的盈亏临界点。

（2）为了达到10 000 000元的利润，明年应该销售多少只背包？

（3）该公司预计明年由于竞争状况恶化，需要投入更多资金进行广告等，估计明年的变动性销售成本将增加20%，销售费用将增加1 000 000元，而价格保持不变。计算明年需要达到多少销售量，才能实现10 000 000元的目标利润？

3. 已知某公司生产A、B、C、三种产品，其固定成本总额为19 800元，三种产品的有关资料如下表所示：

品种	销售单价（元）	销售量（件）	单位变动成本（元）
A	2 000	60	1 600
B	500	30	300
C	1 000	65	700

要求：

（1）计算该公司的加权平均盈亏临界点销售额及各产品的盈亏临界点

销售量。

（2）计算该公司的税前利润。

4. 某公司生产和销售A、B两种产品，单位售价A产品为5元，B产品2.50元，A产品贡献毛益率为40%，B产品贡献毛益率为30%，全月固定成本为72 000元。本月份各产品的预计销售量A产品为30 000件，B产品为40 000件。请计算以下指标：

（1）盈亏临界点销售额。

（2）A、B两种产品的盈亏临界点销售量。

（3）用金额表示的安全边际。

（4）本月的预计税前利润。

五、简答题

1. 何谓本量利分析？通常本量利分析有哪些假设？
2. 何谓盈亏临界点？盈亏临界点有哪些表现形式？
3. 写出确定盈亏临界点销售量和盈亏临界点销售额的公式。
4. 盈亏临界图有哪几种图式？试举例说明其绘制方法。
5. 何谓贡献毛益？它与利润有何区别？
6. 何谓安全边际？何谓安全边际率？计算这两项指标有何作用？
7. 何谓经营杠杆？何谓经营杠杆率？计算经营杠杆率指标有何作用？
8. 如何计算多品种的盈亏临界点？举例说明其计算方法。
9. 为什么说安全边际中的贡献毛益就是企业利润？
10. 在销售量既定的情况下，盈亏临界点高低由什么因素决定？
11. 企业的经营杠杆是不是越大越好？企业使用的经营杠杆受到什么影响？
12. 企业应如何正确利用经营杠杆？

六、案例分析

假设A、B两家公司相关的财务指标如下表所示（单位：万元）：

项目	A公司	B公司
销售收入	2 000	2 000

（续上表）

项目	A 公司	B 公司
固定成本总额	700	200
变动成本总额	1 000	1 500
成本总额	1 700	1 700
经营利润	300	300

根据上述资料，如果你是一家资金充裕的公司的财务经理，A、B 两家公司同时向你提出筹资的意向，你将选择哪家公司？请全面论述你的理由。

第六章　短期经营决策

【学习目的与要求】

通过本章学习，应该了解决策的意义与分类，理解和掌握短期经营决策要考虑的因素、短期经营决策的基本程序和短期经营决策的方法。

【学习重点与难点】

本章的学习重点是短期经营决策的方法，学习难点是短期经营决策方法及其运用。

【内容提示】

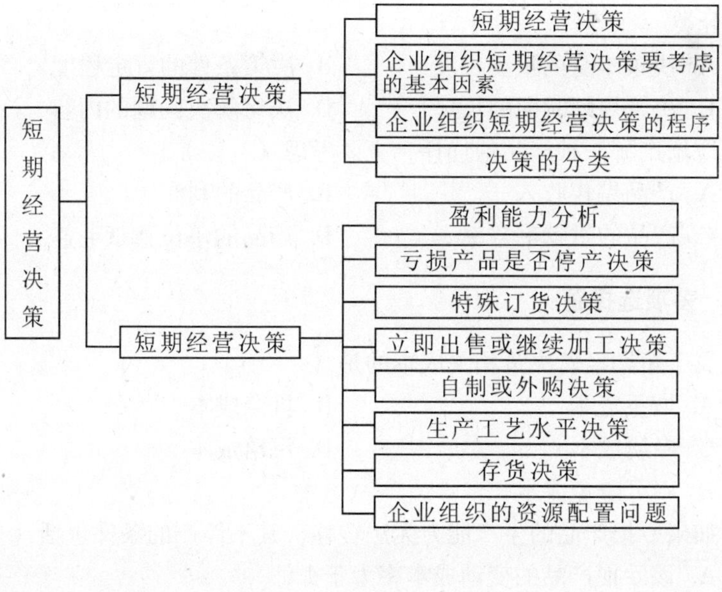

【练习题】

一、单项选择题

1. 在短期经营决策中，企业不接受特殊价格追加订货的原因是买方出价低于（　　）。

A. 正常价格　　B. 单位产品成本

C. 单位变动生产成本　　D. 单位固定成本

2. 有关产品是否进行深加工决策中，深加工前的半成品成本属于(　　)。

A. 估算成本　　B. 重置成本

C. 机会成本　　D. 沉没成本

3. 企业去年生产某亏损产品的贡献毛益为3 000元，固定成本为1 000元。假定今年其他条件不变，但生产该产品的设备可对外出租，一年的增加收入为（　　）元时，应停产该种产品。

A. 2 001　　B. 3 100

C. 1 999　　D. 2 900

4. 将决策分为确定型决策、风险型决策和不确定型决策是按（　　）进行的分类。

A. 决策本身的重要程度　　B. 决策条件的肯定程度

C. 决策规划时期的长短　　D. 决策解决问题的内容

5. 应增产哪一种产品的选择，主要考虑（　　）。

A. 产品销售收入　　B. 产品的利润

C. 产品的贡献毛益率　　D. 产品的单位贡献毛益

二、多项选择题

1. 属于短期经营决策相关成本的是（　　）。

A. 增量成本　　B. 机会成本

C. 专属成本　　D. 沉落成本

E. 不可避免成本

2. 如果亏损产品的生产能力无法转移，其不停产的条件包括（　　）。

A. 该亏损产品的变动成本率大于1

B. 该亏损产品的贡献毛益率大于零

C. 该亏损产品的贡献毛益率小于零

D. 该亏损产品的变动成本率小于 1

3. 存货的成本包括（　　）。

A. 取得成本　　B. 储存成本

C. 缺货成本　　D. 购置成本

4. 企业组织的短期经营决策要考虑的基本要素包括（　　）。

A. 价格　　B. 成本

C. 战略　　D. 产量

5. 根据决策所处的条件，决策可以分为（　　）。

A. 短期决策　　B. 确定型决策

C. 不确定型决策　　D. 风险型决策

三、判断题

1. 如果剩余生产能力无其他用途，且接受特殊订单不需要追加专属成本，只要该特殊订单的出价大于产品单位变动成本，就应该接受该订单。（　　）

2. 外购的差别成本是指外购和自制之差，自制成本一般包括买价、运费、保险费、验收费等。（　　）

3. 半成品进一步加工的决策主要是研究进一步加工后所得的收入是否超过进一步加工时所追加的成本。（　　）

4. 接受追加订货的决策分析，可以根据其形成的贡献毛益补偿其专属的固定成本后是否还有溢余而定。（　　）

5. 亏损产品是因为销售收入小于销售成本，所以亏损产品不宜再生产。（　　）

6. 亏损产品应立即停产，否则生产越多，亏损越大。（　　）

7. 在企业生产受到某一资源限制的情况下进行生产决策，应该选择产品单位资源贡献毛益指标作为评价依据。（　　）

四、计算题

1. 华强汽车配件公司是通用汽车中国分公司汽车零部件的长期供应商。根据通用公司的要求，在汽车零部件生产过程中需要增加一种塑料配件。这种配件的年需要量为 40 000 件。该公司目前有一部分剩余生产能力，可以自己生产这种配件，这部分剩余生产能力目前没有其他用途。如果自制，其单位生产成本如下表所示（单位：元）：

项目	费用
直接材料	28
直接人工	14
变动性制造费用	10
固定性制造费用	10
合计	62

除了上述生产成本之外，如果自制，还要花费生产准备成本和产品设计成本共计 10 000 元。

现有一家塑料制品公司，同样可以生产该种配件。该塑料制品公司向华强公司提出的报价方案是：全年按照 2 400 000 元的价格向华强公司提供 40 000 件该种塑料配件，同时按照 200 000 元的价格租用华强公司的剩余生产能力。

要求：

（1）在自制方案和外购方案中，华强公司应选择哪个方案？

（2）华强公司在决定是否外购过程中，还要考虑哪些战略上的因素？

2. 家洁净是一家生产家庭清洁用品的公司。“立得净”清洁粉是该公司生产的一种主要产品，该产品变动生产成本是 1.6 元/公斤，售价是 2 元/公斤，产销量为 400 000 公斤。该公司研究人员最近研究表明，这种清洁粉还可以加入一些配料和水，搅拌合成一种新的清洁剂。市场部和研发部经理共同向公司总经理建议将 400 000 公斤清洁粉加工成清洁剂后再对外出售。

清洁剂预期市场售价为 18 元/瓶，市场当年销售量可以达到 100 000 瓶。每瓶清洁剂需要 4 公斤“立得净”清洁粉和 0.5 公斤配料。配料的市场售价目前为 1 元/公斤。生产该种清洁剂的直接人工成本为 3 元/瓶，变动性制造费用为 2 元/瓶。生产这种清洁剂需要扩大生产规模，在投产当年需要增加培训费、工艺调试费、专用设备摊销费等固定成本为 60 000 元。清洁剂是一种新产品，当年销售推广费用为 1 元/瓶。未来该产品有望成为市场主流产品。

要求：

（1）从短期绩效的角度考虑，该公司总经理是否决定生产这种清洁剂？

（2）除了短期绩效之外，该公司总经理在决策过程中，还可能会考虑哪些非财务因素？如果考虑这些非财务因素，该公司又将如何决策？

3. 巨能实业公司是玻璃建筑材料生产商。最近该公司接到一份订单，要求订购一种特种玻璃，订单数量为 10 000 块，每块价格为 8 元。这种玻璃的质量要求比该公司现有产品低。该公司管理会计师被要求提供决策帮助，为此他获取了以下数据：

根据以前的生产记录：

（1）这种玻璃每块需要 0.8 公斤 TB101 号原料。由于该公司不经常生产这种玻璃，故日常生产中并不经常需要 TB101 号原料。但是目前手头刚好有以前生产剩余下来的 TB101 号原料，足够生产。这些库存积压的 TB101 号原料账面价值是 3.2 元/公斤，如果目前对外出售，售价为 3 元/公斤。

（2）生产这种玻璃每块需要的直接人工成本为 2 元。

（3）单位变动性制造费用为 2 元。

（4）单位固定性制造费用为 2 元。

该公司目前处于生产淡季，有足够的剩余生产能力用来生产这种玻璃。

要求：

（1）分析该公司是否会接受该特种订货。

（2）在该项决策过程中，除了考虑上述财务因素之外，该公司还应该考虑哪些非财务因素的影响？

4. 南方公司生产两种类型的电话机：普通电话机和多功能电话机。一个典型季度的分部利润如下表所示（单位：元）：

	录音电话机	普通电话机	合计
销售收入	1 500 000	800 000	2 300 000
减：变动成本	800 000	460 000	1 260 000
贡献毛益	700 000	340 000	1 040 000
减：固定成本	200 000	380 000	580 000
税前利润	500 000	（40 000）	460 000

录音电话机所利用的一种部件是向一个外部供应商购买的，单位价格是200元，每季度购买2 000个该部件。生产的所有产品都销售出去，没有期末存货。南方公司正在考虑自己制造该部件而不再外购。这种部件的变动性生产费用如下：

直接材料	20元
直接人工	30元
变动性制造费用	20元

南方公司正在考虑两种提供该部件生产能力的方案：

（1）租用有关生产设备生产该部件，租金为每个季度250 000元，此外每季度还要追加50 000元固定性生产管理成本。

（2）停产普通电话机，利用普通电话机的生产能力来生产该部件。如果停止生产普通电话机，对录音电话机的销售将不会造成影响。

要求：

（1）根据当前情况，南方公司应该选择哪个方案？

（2）假设停止普通电话机生产将使得录音电话机的销售量下降10%，这将对决策造成什么样的影响？

5. 安福公司每年耗用A原材料30 000公斤，A原材料的单位成本为100元，单位储存成本为0.30元，一次订货成本为60元。

根据上述资料，要求：

（1）计算经济订货批量（取1 000的倍数）。

（2）计算每年最佳订货次数、存货相关总成本、最佳订货周期和经济订货批量占用资金。

（3）经济订货批量基本模型（EOQ）隐含的基本逻辑是什么？

6. 家乐公司是生产厨房用具的公司。目前该公司在市场上有两种产品比较受欢迎。这两种产品的相关数据如下所示：

项目	榨汁机	搅拌机
单价（元/件）	90	135
直接材料（元/件）	30	40
直接人工（元/件）	20	25
变动性制造费用（元）	20	40

该公司每年可以利用的机器工时是50 000小时，年固定性制造费用总预算为750 000元。每件榨汁机需要1个机器工时，每件搅拌机需要2个机器工时。如果家乐公司希望获得最好的效益，应该生产何种产品？

五、简答题

1. 简述决策制定过程的基本步骤。
2. 简述决策的类型。
3. 如何进行盈利能力分析？
4. 如何进行亏损产品停产决策？
5. 如何进行特殊订货决策？
6. 如何进行自制或外购决策？
7. 如何进行立即出售与继续加工决策？
8. 如何进行生产工艺水平决策？
9. 如何进行存货决策？

六、案例分析

羊城冷冻食品公司的两个主要产品是香芋雪糕与红豆雪糕。由于今年天气的原因，红豆歉收，价格上涨了100%。羊城冷冻食品公司的总经理要求财务经理对这种价格上涨可能造成的影响进行分析，并提出合适的建议。

财务经理首先整理了这两种产品去年的盈利情况，报告如下表所示（单位：元）：

项目	香芋雪糕	红豆雪糕
销售收入	500 000	500 000
减：变动成本	300 000	300 000
贡献毛益	200 000	200 000
减：固定成本	100 000	100 000
税前利润	100 000	100 000

财务经理根据明细账户分析得知，该公司的固定成本基本都是长期生

产能力成本，在相关范围内不变。原材料红豆成本占红豆雪糕变动成本的80%。经过初步测试，如果按照去年的销售水平，今年红豆价格上涨了100%，意味着该公司红豆雪糕业务将出现一定的亏损，如下表所示（单位：元）：

项目	红豆雪糕
销售收入	500 000
减：变动成本	540 000
贡献毛益	（40 000）
减：固定成本	100 000
税前利润	（140 000）

为此，财务经理提出如下分析性建议：

（1）红豆雪糕贡献毛益为负，盈利能力不足，应该停产。

（2）红豆雪糕涨价10%，基本可以保证贡献毛益为正，以减少公司总体亏损。

但是，销售经理认为：第一个方案，如果停产红豆雪糕，导致经销商流失，香芋雪糕的销售数量因此会比上一年度减少30%。

第二个方案也很难，市场消费者并不了解今年红豆涨价、宏观经济萎缩、消费价格指数低迷等情况。如果红豆雪糕涨价10%，红豆雪糕的销售数量将会比上一年度减少20%。同时，由于红豆雪糕涨价导致一部分经销商的流失，由此可能会造成香芋雪糕的销售量减少10%。

销售经理提出第三个方案：考虑到公司的市场份额，而且红豆涨价也不是一个长期因素，因此公司可以不涨价；如果不涨价，公司的两个产品可以取得与去年同样的销售数量。

该公司总经理在听取了财务经理与销售经理的意见之后，找来了公司的管理会计师，要求该管理会计师对上述方案进行决策分析。

要求：请你代该管理会计师就上述三个方案做出决策。

第七章　生产性资产投资决策

【学习目的与要求】

通过本章学习，应该了解生产性资产投资决策的基本概念，理解和掌握现金流量分析与计算、生产性资产投资决策基本方法及其运用。

【学习重点与难点】

本章的学习重点是现金流量分析与计算、生产性资产投资决策基本方法，学习难点是生产性资产投资决策方法的运用。

【内容提示】

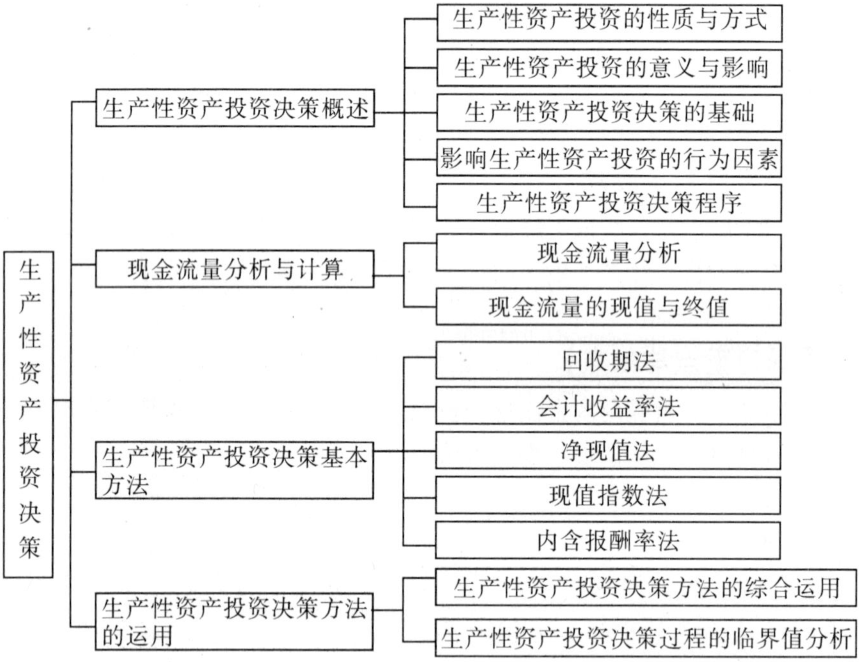

【练习题】

一、单项选择题

1. 以会计收益率最大化作为决策依据存在的缺陷是（　　）。
   A. 不能反映资本的获利水平
   B. 不能用于不同资本规模的企业间比较
   C. 不能用于同一企业的不同期间比较
   D. 没有考虑风险因素和时间价值
2. 下列选项中不会对内含报酬率指标产生影响的是（　　）。
   A. 原始投资　　　　B. 投资项目回报期
   C. 投资项目期望报酬率　　　　D. 现金流量
3. 基于内含报酬率法，如果投资在期初一次投入且各年现金流入量相等，那么（ ）。

A. 计算内含报酬率所用的年金现值系数与原始投资额成反比

B. 计算内含报酬率所用的年金现值系数与原始投资额成正比

C. 计算内含报酬率所用的年金现值系数与原始投资额无关

D. 计算内含报酬率所用的年金现值系数等于原始投资额

4. 某公司购入一批价值 20 万元的专用材料，因规格不符无法投入使用，拟以 15 万元变价处理，并已找到购买单位。此时，技术部门完成一项新品开发，并准备支出 50 万元购入设备当年投产。经化验，上述专用材料完全符合新产品使用，故不再对外处理，可使企业避免损失 5 万元，并且不需要再为新项目垫付流动资金。因此，若不考虑所得税影响的话，在评价该投资项目时，第一年的现金流出量应为（ ）万元。

A. 65　　B. 50　　C. 70　　D. 15

5. 下列关于评价投资项目的静态回收期法的说法，不正确的是( )。

A. 它忽略了资金时间价值

B. 它需要一个主观上确定的最长的可接受回收期作为评价依据

C. 它不能测度项目的盈利性

D. 它不能测度项目的流动性

6. 在现金流量估算中，以营业收入替代经营性现金流入量的假定是（ ）。

A. 在正常经营年度内每期发生的赊销额与回收的应收账款大体相同

B. 经营期与折旧期一致

C. 营业成本全部为付现成本

D. 没有其他现金流入量

7. 下列关于投资项目的回收期的说法，不正确的是（ ）。

A. 不能测定投资项目的盈利性

B. 不能测定投资项目的流动性

C. 忽略了货币时间价值

D. 需要主观上的最长的可接受的回收期作为评价依据

8. 一台旧设备账面价值为 60 000 元，变现价值为 64 000 元。企业打算继续使用该设备，但由于物价上涨，估计需增加净营运资本 6 000 元，所得税税率为 25%，则初始期现金流出量为（ ）元。

A. 60 000　　B. 66 000

C. 70 000　　D. 69 000

9. 下列指标中，没有用到净现金流量的是（　　）。

A. 会计收益率　　B. 内含报酬率

C. 净现值　　D. 现值指数

10. 某投资项目按18%折现率计算的净现值小于零，按16%折现率计算的净现值大于零，那么，该投资项目的内含报酬率肯定（　　）。

A. 大于16%　　B. 大于18%

C. 大于16%，小于18%之间　　D. 无法判断

11. 下列说法正确的是（　　）。

A. 内含报酬率就是银行贷款利率

B. 内含报酬率就是行业基准利率

C. 内含报酬率是能够使未来现金流入量现值等于未来现金流出量现值的贴现率

D. 内含报酬率是投资项目的最高报酬率

12. 如果某一投资项目的净现值为正数，则必然存在的结论是(　　)。

A. 投资回收期在一年以内

B. 该投资项目的内含报酬率一定高于行业基准报酬率

C. 投资报酬率高于100%

D. 该投资项目的现金流出量小于现金流入量

13. 存在所得税的情况下，以“利润+折旧”估计经营期净现金流量时，“利润”是指（　　）。

A. 利润总额　　B. 净利润

C. 经营利润　　D. 息前税前利润

14. 如果方案的净现值等于零，以下说法正确的是（　　）。

A. 内含报酬率=0　　B. 现值指数=1

C. 投资回收期=0　　D. 会计收益率=0

二、多项选择题

1. 下列关于会计收益率指标的表述正确的有（　　）。

A. 没有考虑时间价值　　B. 是非贴现分析指标

C. 没有利用净现金流量　　D. 指标的分母不含资本化利息

2. 某公司拟于2010年初新建一生产车间用于某种新产品的开发，则

与该投资项目有关的现金流量是（　　）。

A. 需购置新的生产流水线价值 150 万元，同时垫付 20 万元流动资金

B. 利用现有的库存材料，该材料目前的市价为 10 万元

C. 车间建在距离总厂 10 公里外的 1995 年已购入的土地上，该块土地若不使用可以 300 万元出售

D. 2009 年公司曾支付 5 万元的咨询费请专家论证过此事

3. 下列项目中，属于经营期现金流入项目的有（　　）。

A. 经营收入　　B. 经营成本节约额

C. 回收流动资金　　D. 回收固定资产残值

4. 某公司正在开会讨论投产一种新产品，对以下收支发生争论。你认为不应列入该项目评价的现金流量有（　　）。

A. 新产品投产需要增加净营运资本 80 万元

B. 新产品项目利用公司现有未充分利用的厂房，如将该厂房出租可获收益 200 万元，但公司规定不得将厂房出租

C. 新产品销售会使本公司同类产品减少收益 100 万元，如果本公司不经营此产品，竞争对手也会推出新产品

D. 新产品项目需要购置设备的运输、安装、调试等支出 15 万元

5. 投资决策的非财务因素包括（　　）。

A. 投资项目的实施是否符合有关法律的规定和政府政策

B. 投资决策使用的信息是否充分和可靠

C. 投资项目是否符合企业的发展战略

D. 企业是否能够及时足额地筹集到投资项目所需的资金

6. 利用净现值指标决策时，不应当采纳的投资项目有（　　）。

A. 净现值为正数　　B. 净现值为零

C. 净现值为负数　　D. 现值指数大于 1

7. 影响投资项目内含报酬率的因素有（　　）。

A. 投资项目的期限　　B. 投资项目的期望报酬率

C. 银行贷款利率　　D. 投资项目的现金流量

8. 可能作为净现值法的贴现率的是（　　）。

A. 企业要求的最低报酬率　　B. 历史最高的报酬率

C. 行业报酬率　　D. 内含报酬率

9. 如果以内含报酬率作为评价指标，那么要求内含报酬率（　　）。

A. 大于1　　B. 大于现值指数

C. 大于资金成本　　D. 大于基准的贴现率

10. 下列关于项目投资的说法，正确的是（　　）。

A. 应首先估计现金流量

B. 与投资项目相关的现金流量必须是能使企业现金流量总额变动的部分

C. 在投资项目有效期内现金流量总额与利润总额相等

D. 投资分析中，现金流动状况重于盈亏状况

11. 下列属于净现值指标缺点的是（　　）。

A. 不能直接反映投资项目的实际收益率水平

B. 当各投资项目投资额不等时，仅用净现值指标无法确定独立投资方案的优劣

C. 净现金流量的确定和折现率的确定有一定难度

D. 没有考虑投资项目的风险性

12. 完整工业项目投资的现金流出量包括（　　）。

A. 流动资金投资　　B. 固定资产投资

C. 经营成本　　D. 其他现金流出量

13. 利用内含报酬率法评价投资项目时（　　）。

A. 计算出来的内含报酬率是投资项目本身的投资报酬率

B. 不需要再估计投资项目的资本成本或最低报酬率

C. 可能计算出多个使净现值为零的贴现率

D. 指标大小不受贴现率高低的影响

三、判断题

1. 投资回收期的缺点在于不能衡量企业的投资风险。（　　）

2. 会计收益率小于基准投资利率时，方案可行。（　　）

3. 现值指数等于1，则净现值一定大于零。（　　）

4. 生产性资产投资决策程序是项目提出、项目评价、项目决策、项目执行及项目再评价等步骤。（　　）

5. 投资回收期指标虽然没有考虑资金的时间价值，但考虑了回收期满后的现金流量状况。（　　）

6. 净现值是特定方案未来各年报酬的现值合计与投资现值合计之间的差额。（　　）

7. 现实生活中，一般以内含报酬率作为基准贴现率。(　　)

8. 在其他条件不变的情况下，贴现率越大，净现值越小。(　　)

9. 在投资项目决策中，只要投资项目的会计收益率大于零，该投资项目就可行。(　　)

10. 企业要求的最低投资报酬率影响投资项目内含报酬率。(　　)

11. 投资回收期和会计收益率具有计算简单、容易理解的优点，是生产性资产投资决策的主要指标。(　　)

四、计算题

1. 1626 年，荷兰人发现了曼哈顿岛。他们以当时价值为 24 美元的玻璃球与一位名为曼哈顿的部落酋长换得此岛。1996 年，忽然有人想起此事。24 美元在 1996 年是一个匪夷所思的价格。不过，假设当时荷兰人把这 24 美元投资于欧洲，每年可以获得 10% 的报酬率。果真如此，到了 1996 年，这 24 美元相当于多少钱？由此可以说明什么问题？

2. 南岳股份有限公司现有甲、乙、丙三个投资项目可供选择，这三个投资项目的初始投资额都是 10 000 万元，且都在第一年初投入。南岳股份有限公司预期报酬率为 10%。各年的净利润与折旧资料如下表所示（单位：万元）：

时间	甲投资项目		乙投资项目		丙投资项目	
	年净利润	年折旧额	年净利润	年折旧额	年净利润	年折旧额
0	—	—	—	—	—	—
1	500	2 000	1 600	3 400	2 500	2 000
2	1 000	2 000	1 700	3 300	2 000	2 000
3	1 500	2 000	1 700	3 300	1 500	2 000
4	2 000	2 000	—	—	1 000	2 000
5	2 500	2 000	—	—	500	2 000

要求：

（1）分别计算甲、乙、丙三个投资项目的静态和动态投资回收期。

（2）分别计算甲、乙、丙三个投资项目的会计收益率。

（3）分别计算甲、乙、丙三个投资项目的净现值。

（4）分别计算甲、乙、丙三个投资项目的现值指数。

（5）分别计算甲、乙、丙三个投资项目的内含报酬率。

3. 如果你是ABC公司的财务顾问。该公司正在考虑购买一套新的生产线，估计初始投资为3 000万元，预期每年可产生500万元的税前利润（按税法规定生产线应以5年期直线法折旧，净残值率为10%，会计政策与此相同），并已用净现值法评价方案可行。然而，董事会对该生产线能否使用5年展开了激烈的争论。董事长认为该生产线只能使用4年，总经理认为可以使用5年，还有人说类似生产线使用6年也是常见的。假设所得税税率为25%，资本成本率为10%，无论何时报废净残值收入均为300万元。

他们请你就下列问题发表意见：

（1）该投资项目可行的最短使用寿命是多少年？（假设使用年限与净现值呈线性关系，插补法求解，计算结果保留小数点后两位）

（2）他们的争论是否有意义？（是否影响该生产线的购置决策）为什么？

五、简答题

1. 简述生产性资产投资的财务与战略意义。
2. 何谓货币时间价值？为什么在投资决策中要考虑货币时间价值？
3. 复利和年金计算的联系与区别在哪里？
4. 何谓现金流入量？何谓现金流出量？何谓净现金流量？
5. 简述生产性资产投资决策程序。
6. 简述投资回收期法基本原理。
7. 简述会计收益率法基本原理。
8. 简述现值指数法基本原理。
9. 简述净现值法基本原理。
10. 简述内含报酬率法基本原理。
11. 内含报酬率就一定是投资项目的实际报酬率吗？
12. 净现值法与内含报酬率法有什么联系？
13. 如果生产性资产投资决策基于权责发生制的利润为基础，而不是以现金流量为基础，会出现什么后果，对企业有何影响？
14. 简述差量分析法基本原理。
15. 简述等年值法基本原理。

16. 生产性资产投资决策过程的临界值分析有何作用?

六、案例分析

伟达公司准备购置一套设备以扩充生产能力。现有A、B两个方案可供选择。

A方案：投资额为30 000元，设备使用寿命期为5年，采用直线法计提折旧，5年后设备没有残值。5年中，每年销售收入为15 000元，每年付现成本为5 000元。

B方案：投资额为36 000元，设备使用寿命期为5年，采用直线法计提折旧，5年后设备残值收入为6 000元。5年中，每年销售收入为17 000元，付现成本第一年为6 000元，以后随着设备陈旧，逐年将增加修理费用300元，另外需要垫付流动资金3 000元。

假设伟达公司适用的所得税税率为25%，伟达公司要求的最低收益率为10%。

根据上述资料，请讨论：

1. 两个方案的经营现金流量如何?
2. 两个方案的现金流量如何?
3. 两个方案的净现值如何?
4. 两个方案的现值指数如何?
5. 两个方案的内含报酬率如何?
6. 两个方案的投资回收期如何?
7. 两个方案的会计收益率如何?
8. 如何评估这两个方案?
9. 伟达公司是否应该进行设备更新?

第四篇　管理控制系统

企业组织的管理控制系统是企业组织的经营管理决策的延伸，也是企业组织实现其经营管理决策目标的有效保障。本篇阐述以“计划与执行会计”为主体的管理控制系统。

第八章　全面预算

【学习目的与要求】

通过本章学习，应该了解全面预算及其作用，理解和掌握全面预算管理系统的构成、全面预算的内容及其编制方法、全面预算的形式以及全面预算管理模式。

【学习重点与难点】

本章的学习重点是全面预算管理系统的构成、全面预算的内容及其编制方法，学习难点是全面预算的内容及其编制方法。

【内容提示】

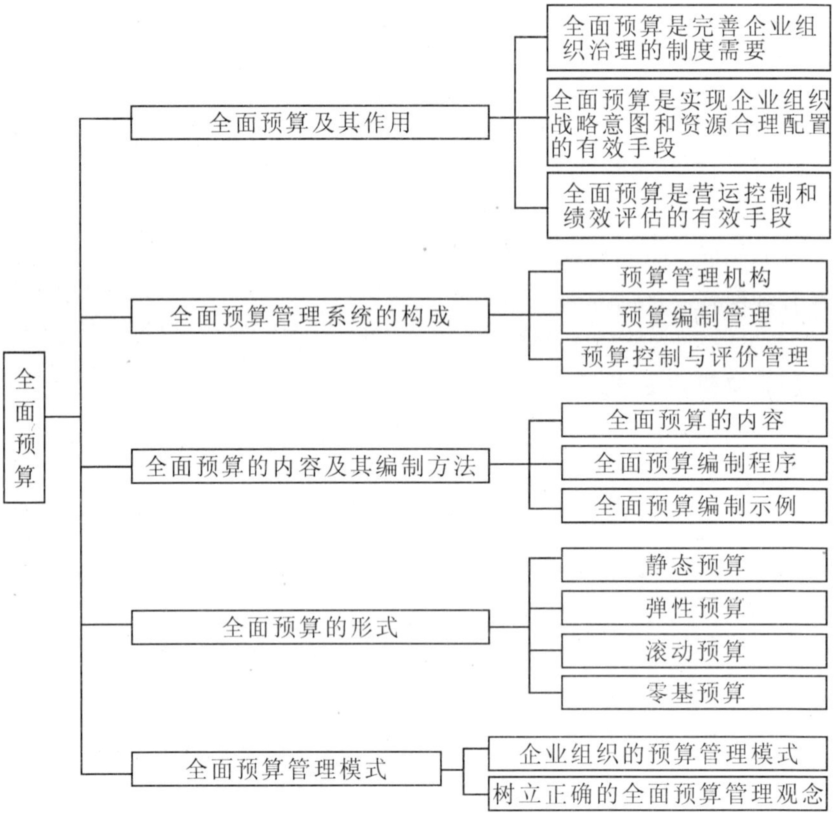

【练习题】

一、单项选择题

1. 编制全面预算的基础是（　　）。

A. 直接材料预算　　B. 直接人工预算

C. 生产预算　　D. 销售预算

2. 下列项目中，能够克服静态预算缺点的是（　　）。

A. 固定预算　　B. 弹性预算

C. 滚动预算　　D. 零基预算

3. 全面预算体系的最后环节是（　　）。

A. 日常业务预算　　B. 财务预算

C. 特种决策预算　　D. 弹性利润预算

4. 零基预算的编制基础是（　　）。

A. 零　　B. 基期的费用水平

C. 国内外同行业费用水平　　D. 历史上费用的最好水平

5. 生产预算的主要内容有：生产量、期初期末存货以及（　　）。

A. 资金量　　B. 工时量

C. 购货量　　D. 销售量

6. 企业按照预算期内可预见的多种生产经营活动水平分别确定相应的数据而编制的预算称为（　　）。

A. 滚动预算　　B. 弹性预算

C. 零基预算　　D. 概率预算

7. 某厂产品销售款回收情况是：销售当月收款 70%，次月收款 30%。2010 年 6—8 月的销售额估计为：8 000 元、9 000 元和 7 000 元。由此可预测 2010 年 7 月份的现金收入为（　　）元。

A. 8 700　　B. 6 300

C. 2 400　　D. 7 500

8. 假设某厂预计 2010 年第四季度销售量为 8 000 件，10 月初产品库存量为 800 件，年末拟保留产成品存货 1 000 件，则该厂第四季度预计生产产品数量应为（　　）件。

A. 8 000　　B. 9 000

C. 7 200　　D. 8 200

9. 下列各项中，属于编制弹性预算首先应当考虑及确定的因素是(　　)。

A. 业务量　　B. 变动成本

C. 固定成本　　D. 计量单位

10. 在编制制造费用预算时，计算现金支出应予以剔除的项目是(　　)。

A. 间接材料　　B. 间接人工

C. 管理人员工资　　D. 折旧费

11. 现金预算中现金收入的主要来源是（　　）。
   A. 期初现金余额　　B. 销售取得的现金收入
   C. 收回应收账款　　D. 出售长期性资产

二、多项选择题

1. 下列各项预算中，属于经营预算的有（　　　）。
   A. 销售预算　　B. 生产预算
   C. 现金预算　　D. 资本支出预算
2. 编制直接材料采购预算的主要依据是（　　　）。
   A. 销售预算　　B. 生产预算
   C. 预算期初直接材料存量　　D. 预算期末直接材料存量
3. 编制生产预算的预计生产量项目时，需要考虑的因素有（　　）。
   A. 预计销售量　　B. 预计期初存货
   C. 预计期末存货　　D. 前期实际销量
4. 以下哪些属于弹性预算的特征？（　　）
   A. 以成本性态分析为理论前提
   B. 既可以用于成本费用预算，也可以用于利润预算
   C. 适用于业务量不具有波动性的情形
   D. 只要本量利数量关系不发生变化，则无需每期重新编制
5. 全面预算的编制方法主要有（　　）预算。
   A. 弹性　　B. 生产
   C. 零基　　D. 滚动
6. 编制现金预算的目的在于（　　）。
   A. 合理的处理现金收支业务
   B. 正确的调度资金
   C. 了解企业在计划期末的现金余额有多少
   D. 保证企业资金的正常流转
7. 下列各项中，属于专门决策预算内容的有（　　）。
   A. 固定资产改建预算　　B. 预计利润表
   C. 预计资产负债表　　D. 投资决策预算
8. 全面预算的作用包括（　　）。
   A. 明确工作目标　　B. 协调部门关系
   C. 开展日常活动　　D. 考核绩效标准

9. 为了确保预算工作的顺利进行，预算编制管理的内容具体包括(　　)。

A. 传达企业本年经营目标

B. 自下而上进行经营目标的可行性分析

C. 自上而下各部门确定业务目标和行动方案

D. 最终确定预算方案

10. 某生产企业生产销售甲商品，第三季度各月预计的销售量分别为1 000件、1 200件和1 100件。企业计划每月月末商品存货量为下月预计销售量的20%。下列各项预计中，正确的有（　　）。

A. 8月份期初存货为240件　　B. 8月份生产量为1 180件

C. 8月份期末存货为220件　　D. 第三季度生产量为3 300件

11. 某公司2009年1—4月份预计的销售收入分别为220万元、350万元、380万元和460万元，当月销售当月收现70%，下月收现20%，再下月收现10%。则2009年3月31日资产负债表“应收账款”项目金额和2009年3月的销售现金流入量分别为（　　）万元。

A. 149　　B. 358　　C. 162　　D. 390

三、判断题

1. 销售预算的准确性对保证预算的质量至关重要。(　　)

2. 滚动预算的预算期通常以一年为固定长度，也就是始终是从1月起至12月止的会计年度。(　　)

3. 弹性预算不仅可用于成本费用的预算，也可以用于利润的预算和考核。(　　)

4. 销售预算中预计的现金收入是指预算期销售所取得的现金收入。(　　)

5. 零基预算的特点是不受基期实际数的束缚，一切费用预算额以零为起点，从工作内容需要出发。(　　)

6. 弹性预算是使预算始终保持12个月，因此富有弹性，它比零基预算更符合实际需要，故而为人们广泛使用。(　　)

7. 生产预算是在销售预算的基础上编制的。按照“以销定产”的原则，生产预算中各季度的预计生产量应该等于各季度的预期销售量。(　　)

8. 现金预算中的现金支出不仅包括经营性现金支出，而且包括资本性

现金支出。(　　)

9. 制造费用预算分为变动制造费用和固定制造费用两部分。变动制造费用和固定制造费用均以生产预算为基础来调整。(　　)

10. 经营及管理费用预算是根据生产预算为基础编制出来的。(　　)

四、计算题

1. 某企业 2001 年有关预算资料如下:

(1) 预计该企业 3—7 月份的销售收入分别为 40 000 元、50 000 元、60 000 元、70 000 元和 80 000 元。每月销售收入中,当月收到现金 30%,下月收到现金 70%。

(2) 各月直接材料采购成本按下一个月销售收入的 60% 计算。所购材料款于当月支付现金 50%,下月支付现金 50%。

(3) 预计该企业 4—6 月份的制造费用分别为 4 000 元、4 500 元和 4 200元,每月制造费用中包括折旧费 1 000 元。

(4) 预计该企业 4 月份购置固定资产,需要现金 15 000 元。

(5) 预计该企业在现金不足时,向银行借款(为 1 000 元的倍数);现金有多余时归还银行借款(为 1 000 元的倍数)。借款的年利率为 12%。

(6) 预计该企业期末现金余额最低为 6 000 元。其他资料见现金预算。

要求:根据以上资料,完成 4—6 月份现金预算的编制工作(单位:元)。

月份	4	5	6
期初现金余额	7 000		
经营现金收入			
直接材料采购支出			
直接工资支出	2 000	3 500	2 800
制造费用支出			
其他付现费用	800	900	750
预交所得税	0	0	8 000
购置固定资产			
现金余缺			

（续上表）

月份	4	5	6
向银行借款			
归还银行借款			
支付借款利息			
期末现金余额			

2. 某企业现着手编制2001年6月份的现金收支计划。预计2001年6月初现金余额为8 000元；月初应收账款4 000元，预计月内可收回80%；本月销货50 000元，预计月内收款比例为50%；本月采购材料8 000元，预计月内付款70%；月初应付账款余额5 000元需在月内全部付清；月内以现金支付工资8 400元；本月制造费用等间接费用付现16 000元；其他经营性现金支出900元；购买设备支付现金10 000元。企业现金不足时，可向银行借款，借款金额为1 000元的倍数；现金多余时可购买有价证券。要求月末现金余额不低于5 000元。

要求：

（1）计算经营现金收入。

（2）计算经营现金支出。

（3）计算现金余缺。

（4）确定最佳资金筹措或运用数额。

（5）确定现金月末余额。

3. 某公司2008年12月份销售额和2009年1—2月份的预计销售额分别为150万元、100万元和200万元。其他有关资料如下：

（1）收账政策：当月销售当月收现60%，其余部分下月收回。

（2）材料采购按下月销售额的80%采购。付款政策：当月购买当月付现70%，下月支付其余的30%。

（3）假设每月现金余额不得低于3万元，现金余缺通过银行借款来调整。

（4）借款年利率为12%，借款或还款的本金必须是5 000元的整倍数，利随本清，借款在期初，还款在期末。

（5）假设该企业销售的产品和购买的材料适用的增值税税率为17%。

（6）假设涉及赊销、赊购业务均通过“应收账款”和“应付账款”

核算。

要求：

(1) 计算确定2009年1月份销售现金流入量和购买材料的现金流出量。

(2) 计算确定2009年1月31日资产负债表中“应收账款”和“应付账款”项目金额。

(3) 假设2009年1月份预计的现金收支差额为-12.32万元，计算确定1月末的现金余额。

(4) 假设2009年2月份预计的现金收支差额为7.598万元，计算确定2月末的现金余额。

五、简答题

1. 全面预算有何作用？
2. 简述全面预算管理系统的构成。
3. 简述全面预算编制程序。
4. 预算的形式包括哪些？
5. 预算管理的模式包括哪些？

六、案例分析

20世纪20年代，通用汽车引进了营运和资金预算，直到今天它仍是一个重大的管理创新。当时通用汽车的首席执行官艾尔弗雷德·斯隆（Alfred Sloan）和首席财务官唐纳德森·布朗（Donaldson Brown）一直都在倡导和实践“集中控制、分散经营”的管理理念。他们通过预算来协调和控制通用汽车的各地区业务单元。此后，预算管理成为大多数企业组织的核心管理体系。预算管理的主要功能包括：①预测未来的收入和支出，并用以财务计划和协调管理；②促使经理人为预算结果负责；③授权经理人在预算范围内使用费用；④对经理人和部门的绩效进行评估。

但在很多企业组织，预算管理逐渐成为费时费钱的、用于奖惩经理人的僵化的控制系统。国际电报电话公司（ITT）的前首席执行官哈罗德·杰宁（Harold Geneen）是“指挥和控制型”高管的典型。他高度集权的管理风格给经理人施加了巨大的压力，迫使他们全力以赴实现预算所定的目标。杰宁的管理风格被艾尔·邓拉普（Al Dunlap）进一步发扬光大，他用预算要求各级经理人实现挑战性很高的销售目标，或者大幅度降低主要的开支项目。这一高压政策最终导致公司出了重大的财务报告问题。另一位众所周知的预算推崇者是伯尼·埃伯斯（Bernie Ebbers）。有人对他的评论是：“如果你有预算，他只要求你的实际支出必须低于预算2%，其他什么都可以接受。”

北欧的几家企业组织，比如瑞典商业银行（Svenska Handelsbanken）、北欧化工（Borealis）、挪威国家石油公司（Statoil）和北欧联合银行（Nordea Bank），早就放弃了传统的预算管理。他们是“超越预算”（Beyond Budgeting）运动的实践者。他们采用了一套新的预测和控制流程来代替预算。挪威国家石油公司的高级经理比亚特·波格尼斯（Bjarte Bogsnes）是该运动的倡导者。他说：“面对今天动态的、难以预测的、要求更高的环境，经理们需要更多的自由，并承担更大的责任。企业组织的流程必须更有持续性，响应速度更快。经理们应该更清楚如何完成目标，而不只是满足预算的要求。”

“超越预算”的提倡者认为预算存在的重大不足包括：①制定预算要花费过多的时间和金钱；②预算会促使经理人低估收入和利润，他们害怕如果达不到预算的目标，会像受到杰宁、邓普拉、埃伯斯一类管理者的惩罚；③预算扼杀了创新；④预算跟不上迅速变化的全球化的竞争环境。

原挪威国家石油公司的预算经理比亚特·波格尼斯调到了北欧化工公司。他希望借新公司成立的契机引入新的管理方法来代替预算管理。他认为：“传统的预算管理服务目的太多。比如，既要用于预测又要用于设定目标值，而预测要求切合实际，目标设定应有挑战性，所以他们不应该是相同的数字。”

北欧化工的财务总监托马斯·波森（Tomas Boesen）很支持波格尼斯的预算管理创新。他回忆经理们在预算管理中遇到的问题：“人们努力地做出详尽的文件，再把它装订好。然而不幸的是，以后再也不看它了。我们的产品和供应商市场变化非常快，因此，原来的预算在几星期后就过时了。”

阅读了上述材料之后，请讨论：

1. 美国通用电气公司前总裁杰克·韦尔奇（Jack Welch）认为：“预算是美国公司的祸根。它根本不应该存在。制定预算就等于追求最低绩效。你永远只能得到员工最低水平的贡献，因为每个人都在讨价还价，争取制定最低指标。”这就是全面预算编制过程的“预算松弛”（Budget

Slack)，也是全面预算编制过程中的道德问题。你认为全面预算究竟有用还是有害?

2. 在中国，全面预算编制过程的预算松弛主要表现为“上有政策，下有对策”。那么，“上有政策，下有对策”是否与企业组织的目标一致性矛盾？为什么?

第九章　责任会计

【学习目的与要求】

通过本章学习，应该了解分权化组织结构的责任会计，理解和掌握责任会计的基本内容、责任中心及其考核以及转移价格。

【学习重点与难点】

本章的学习重点是责任会计的基本内容和责任中心及其考核，学习难点是如何选择合适的转移价格。

【内容提示】

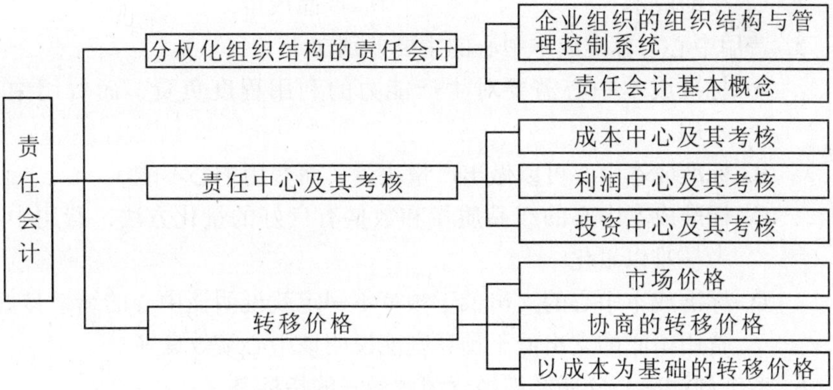

【练习题】

一、单项选择题

1. 责任成本的计算范围是（　　）。
   A. 直接材料、直接人工、制造费用
   B. 直接材料、直接人工、变动制造费用
   C. 各责任中心的可控成本
   D. 各责任中心的直接材料、直接人工、制造费用
2. 根据各责任中心的关系，利润中心应该向（　　）负责。
   A. 成本中心　　B. 董事会
   C. 收入中心　　D. 投资中心
3. 成本中心的目标是（　　）。
   A. 增加销售收入　　B. 提高企业利润
   C. 控制和降低成本费用　　D. 实现有效经营
4. 成本中心计算与考核的是（　　）。
   A. 不可控成本　　B. 责任成本
   C. 变动成本　　D. 产品成本
5. 费用中心与标准成本中心的主要差别在于（　　）。
   A. 标准成本中心需要对生产能力的利用程度负责，而费用中心不用
   B. 标准成本中心可以做出产量决策，而费用中心不能
   C. 标准成本中心的产品质量和数量有良好的量化方法，费用中心考核难以量化
   D. 标准成本中心的支出低于预算不一定就说明该中心的绩效良好，费用中心的支出低于预算则能说明该中心绩效良好
6. 考查利润中心分部经理经营绩效最好的指标是（　　）。
   A. 分部经理可控利润总额　　B. 利润中心分部边际
   C. 分部经理可控边际　　D. 部门税前利润
7. 以下哪个指标不能用于评价投资中心绩效？（　　）
   A. 投资报酬率　　B. 销售利润率
   C. 剩余收益　　D. 现金回收率

8. 可能导致部门经理放弃高于资本成本但低于其目前投资报酬率机会的指标是（　　）。

A. 剩余收益　　B. 投资报酬率

C. 资产净利率　　D. 现金回报率

9. 在投资中心的主要考核指标中，能够全面反映该责任中心投入产出的关系，避免本位主义发生，并使个别投资中心的利益与整个企业的利益统一起来的指标是（　　）。

A. 可控成本　　B. 利润总额

C. 投资利润率　　D. 剩余收益

10. 当产品或劳务的市场价格不止一种，供求双方有权在市场上销售或采购时，应当作为内部转移价格的是（　　）。

A. 完全成本　　B. 协商价格

C. 市场价格　　D. 变动成本加固定费用

11. 甲利润中心需要向乙利润中心购进初级产品，假设今年使用的内部结算价格比去年低，在其他条件不变的情况下，则（　　）。

A. 乙中心取得更多内部利润　　B. 甲中心因此减少了内部利润

C. 企业的总利润有所增加　　D. 企业的总利润没有变化

二、多项选择题

1. 责任中心通常包括（　　）。

A. 成本中心　　B. 生产中心

C. 利润中心　　D. 投资中心

2. 成本中心的特点包括（　　）。

A. 没有经营权

B. 没有销售权

C. 具有经营权和销售权

D. 对在其职责内发生的成本和费用负责

3. 为费用中心确定预算数额的方法包括（　　）。

A. 考察同行业类似职能的支持水平

B. 详尽分析支出的必要性及其取得的效果，确定预算标准

C. 依据历史经验编制费用预算

D. 根据费用中心的工作质量来确定预算数额

4. 一般说来，可控成本必须符合的条件是（　　）。
   A. 责任中心能够知道将发生什么性质的耗费
   B. 责任中心能够计量它的耗费
   C. 必须是直接成本
   D. 责任中心能够控制并调节
5. 利润中心的考核包括哪些指标（　　）。
   A. 利润　　B. 贡献毛益
   C. 分部经理贡献毛益　　D. 分部贡献毛益
6. 提高投资报酬率的主要途径有（　　）。
   A. 扩大销售量　　B. 降低成本
   C. 扩大资金来源渠道　　D. 增加投资额
7. 常见的内部转移价格有（　　）。
   A. 市场价格　　B. 实际成本
   C. 协议价格　　D. 成本加成
8. 责任中心成本与产品成本的不同之处在于（　　）。
   A. 产品成本是按产品计算，责任中心成本是按责任中心计算
   B. 产品成本是谁受益、谁承担，责任中心成本是谁负责、谁承担
   C. 产品成本为考核不同产品的盈利性提供客观依据，责任中心成本则反映责任预算的执行情况
   D. 责任中心成本是谁受益、谁承担，而产品成本是谁负责、谁承担
9. 制定内部转移价格的作用有（　　）。
   A. 有利于明确划分责任中心的经济责任
   B. 有利于调动企业内部各部门的生产积极性
   C. 有利于把责任中心的绩效考核建立在客观、可比的基础上
   D. 有利于引导下级部门采取正确的决策
10. 以成本为基础的转移价格包括（　　）。
   A. 完全成本　　B. 完全成本加成
   C. 计划成本　　D. 变动成本加固定费用
11. 收入中心的经理需要对（　　）负责。
   A. 收入　　B. 成本
   C. 利润　　D. 贡献毛益

三、判断题

1. 可控成本都是直接成本。(　　)

2. 各责任中心成本的不可控成本都是固定成本。(　　)

3. 可以计算其利润的组织单位，是真正意义上的利润中心。(　　)

4. 投资中心应该对其责任范围内投入的资金负责，而该范围内发生的成本则不应由其负责。(　　)

5. 责任成本是成本中心当期发生的各项可控成本之和。(　　)

6. 在其他因素不变的情况下，一个投资中心的剩余收益的大小与企业资本成本的高低成反向变动关系。(　　)

7. 同一成本项目，对有的部门来说是可控的，而对另一部门则可能是不可控的。(　　)

8. 如果中间产品的市场存在非完全竞争状态时，协商过的转移价格才是实际的可取价格。(　　)

9. 随着内部转移价格的波动，企业的利润总水平也随之发生变化。(　　)

10. 以完全成本作为内部转移价格会提供不当的激励并扭曲绩效评估方法。(　　)

11. 剩余收益指标的优点是可以使投资中心的绩效评价与企业目标协调一致。(　　)

12. 利润中心是分权管理最突出的表现。(　　)

13. 可以通过投入和产出的比较来评价费用中心的效果和效率。(　　)

14. 用利润指标来计算经营成本的部门就是利润中心。(　　)

四、计算题

1. 甲公司某部门的数据如下表所示（单位：元）：

项目	金额
部门销售收入	12 000
已销产品变动成本和变动销售费用	7 000
部门可控固定性间接费用	900

（续上表）

项目	金额
部门不可控固定性间接费用	800
分配的公司管理费用	600

要求：

（1）计算最适合评价该部门对企业利润和管理费用的贡献的指标。

（2）计算最适合评价部门经理的指标。

2. 旭日公司的投资中心原经营资产为3 000 000元，经营利润为360 000元，现有一项业务，需要新借入资金200 000元，可获利20 000元。假设该公司资本成本率为8%。

要求：

（1）计算该公司原有的投资报酬率。

（2）若以投资报酬率作为评价和考核投资中心的依据，则该投资中心是否愿意投资这项业务？

（3）若以剩余收益作为评价和考核投资中心的依据，则该投资中心是否愿意投资于这项业务？

五、简答题

1. 简述责任会计的内容体系。
2. 简述成本中心及其考核原理。
3. 简述利润中心及其考核原理。
4. 简述投资中心及其考核原理。
5. 内部转移价格包括哪些形式？

六、案例分析

假设某公司设有A、B两个分部。其中A分部生产的转换器既销售给本公司的B分部，也出售给外界其他公司。年底A分部准备生产15 000个转换器，其中8 000个销售给外部其他公司，销售单价为560元；其余7 000个转给本公司B分部。该公司产销该转换器发生的成本数据如下表所示（按产销15 000个转换器为基础预计。单位：元）：

项目	金额
变动性制造费用	100
固定性制造费用	60
变动性销售费用	50
固定性销售费用	20
单位成本	230

目前该公司财务部及总会计师提出下列几个标准作为制定内部转移价格的基础：

（1）变动成本。

（2）完全成本。

（3）完全成本加成50%。

（4）市场价格。

要求：

1. 按上述四种标准分别计算A分部转给B分部7 000个转换器的内部销售收入，并确定A分部销售15 000个转换器的全部销售利润。

2. 对于内部转移价格的上述四个标准，就该公司来说，应该选择哪一个？若站在B分部立场上，则应选用哪一个？

第五篇　管理会计的新发展

21世纪企业组织的经营环境发生了重大变化。面对这种变化，管理会计涌现出许多新的领域，如作业成本法、作业管理和平衡计分卡。这些新的领域体现了管理会计“对内深化，对外扩展”的新发展。

第十章 管理会计发展简史

【学习目的与要求】

通过本章学习，应该了解现代公司制度、金融市场与会计学发展之间的共生互动关系，理解和掌握管理会计的发展历程与发展趋势。

【学习重点与难点】

本章是“承前（第一篇至第四篇）启后（第五篇）”的一章。本章的学习重点是管理会计的发展历程与发展趋势，学习难点是管理会计的发展趋势。

【内容提示】

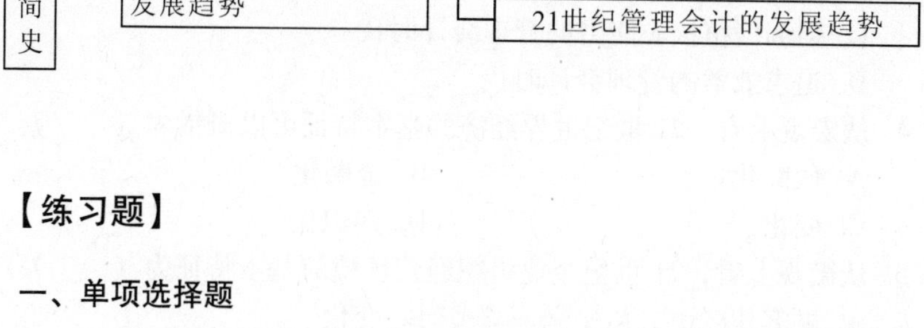

【练习题】

一、单项选择题

1. 导致财务会计与管理会计“同源分流”的根本原因是（　　）。

A. 所有权与经营权分离　　B. 会计信息使用者多元化
C. 会计学的国际化趋势　　D. 会计的社会地位改变

2. 追求效率的管理会计时代强调（　　）。
A. “做正确的事情”　　B. “做好事情”
C. “做好正确的事情”　　D. “正确地做好事情”

3. 强调标准成本概念的是（　　）。
A. 追求效益的管理会计时代　　B. 追求效率的管理会计时代
C. 战略管理会计时代　　D. 21 世纪管理会计的发展趋势

4. 强调决策理念的是（　　）。
A. 追求效益的管理会计时代　　B. 追求效率的管理会计时代
C. 战略管理会计时代　　D. 21 世纪管理会计的发展趋势

5. 强调培植企业组织核心能力的是（　　）。
A. 追求效益的管理会计时代　　B. 追求效率的管理会计时代
C. 战略管理会计时代　　D. 21 世纪管理会计的主题

二、多项选择题

1. 现代意义上的会计，其内容已经包括（　　）。
A. 记账　　B. 算账
C. 报账与查账　　D. 用账

2. 追求效率的管理会计时代强调（　　）。
A. 标准成本　　B. 决策
C. 预算控制　　D. 差异分析

3. 20 世纪管理会计的发展历程大致可以分为（　　）。
A. 战略管理会计时代
B. 追求效率的管理会计时代
C. 强调培植核心能力的管理会计时代
D. 追求效益的管理会计时代

4. 从宏观上看，21 世纪世界经济的基本特征可以概括为（　　）。
A. 国际化　　B. 金融化
C. 变化　　D. 知识化

5. 从微观上看，21 世纪企业组织经营环境的基本特征为（　　）。
A. 顾客化　　B. 变化
C. 竞争化　　D. 国际化

三、判断题

1. 现代公司制度、金融市场与会计学各自独立发展。( )
2. 现代会计的服务对象具有社会化特征。( )
3. “账房先生”就是会计的代名词。( )
4. 管理会计的发展主要与现代企业组织内部组织结构的变化有关。( )
5. 财务会计强调“相关信息适时地提供给相关的人”。( )
6. 基于追求效率的管理会计时代，管理会计的主要内容是标准成本、预算控制与差异分析。( )
7. 从管理会计的视野看，效益与效率是两个不同概念。( )
8. 从宏观上看，21 世纪世界经济的基本特征就是国际化、金融化和竞争化。( )
9. 从微观上看，21 世纪企业组织经营环境的基本特征就是顾客化、竞争化和变化。( )
10. 21 世纪管理会计的主题是培植企业组织的核心能力。( )

四、简答题

1. 金融市场与现代公司制度的发展是如何改变会计的社会经济地位的?
2. 金融市场与现代公司制度的发展是如何改变会计的职能的?
3. 简述 20 世纪管理会计的发展历程。
4. 简述 21 世纪企业组织面临的宏观环境特征。
5. 简述 21 世纪企业组织面临的微观环境特征。
6. 简述 21 世纪管理会计的主题。
7. 有人将会计师称为历史学家。对此，你有何评论?
8. 著名管理会计学家、美国圣地亚哥州立大学 Chee Chow 教授指出：“中国目前最需要的其实是管理会计而非财务会计。”罗彻斯特大学 Ray Ball 教授也明确地指出：“中国国内会计急需解决的是管理会计问题。”对此，你有何评论?

五、案例讨论题

1. 一些历史学家正在争论商业发展史上最重要的创新是什么。大多数人想到的是铁路、汽车、印刷机、电话、电视，或者更近期的计算机芯片、光缆之类的东西，甚至有人想到了互联网。然而，有一个人却认为，商业发展史上真正重要的创新应当是公司制度和商法的出现。你以为如何？请全面论述你的理由。

2. 股份有限公司通常是大型而复杂的组织，但可通过追溯其从个人创意到大型公司的发展过程加以考察。例如，对亨利·福特汽车制造厂的传记式描述——该厂发展的决策是怎样影响相关决策的？每一步都加入其他利益相关方或利益关系人。

亨利·福特始于为大众生产汽车的创意。他用自己的钱购买原材料，制造一部汽车并卖给一个满意的顾客而获得一定的利润。他又将销售所得资金投资购买更多的原材料，制作更多的汽车。

表 1 描述了亨利最初的资产负债表。

表 1　亨利最初的资产负债表

项目	金额	项目	金额
现金	C		
原材料	R		
工具	T		
汽车间	G	亨利权益	HE
资产总额	TA	负债及所有者权益总额	TA

在表 1，资产负债表的基本等式为：资产 = 负债 + 股东权益。

这个等式必须永远保持。筹资决策通过资产负债表的右方来反映。亨利本人提供全部资本，因此负债及股东权益仅由亨利权益组成，记作 HE。亨利也是该企业的经理。实际上，此时除了供应商和顾客之外，亨利是该企业的唯一直接参与者。

亨利的初衷是赚钱，但是如果企业失败了怎么办？自然是亨利花光了钱。在这种情况下，亨利就损失了所投入的资金，但他人并没有损失什么。

最初制造一部汽车还不错。然而，后来他有了较多的顾客。如果购买更多的原材料并节约运费就出现了问题。亨利即企业没有足够的资金，因此向银行借款。他承诺以未来汽车的销售收入偿还借款。

表2描述了亨利企业变化后的资产负债表。

表2　亨利向银行借款后的资产负债表

项目	金额	项目	金额
现金	C′		
原材料	R′		
工具	T′	银行借款	B′
汽车间	G′	亨利权益	HE′
资产总额	TA′	负债及所有者权益总额	TA′

此时，该企业筹资的资本结构系由两部分组成（为了强调会计等式永远保持平衡，以TA′代表负债加股东权益）即负债和权益。其中，权益代表所有权，负债是对借款的法律义务。作为唯一的股东，亨利对该企业及其资产仍然享有唯一的所有权。因为他是该企业的经理，他对企业及其资产保持直接控制权。然而，他现在受到银行借款义务的约束，需要支付借款利息和偿还借款本金。银行已成为亨利企业的利益相关者。

银行向亨利贷款的初衷是赚钱。因此，亨利应允在还款之外还要付息。亨利企业这时如果失败，即不能卖掉汽车获利又会怎样？在这种情况下，该企业可能没有足够的现金清偿银行借款。由于这种可能性，银行就要承担一定风险，那么风险有多大呢？

悲观点说，即使亨利损失了全部投资，无法偿清借款，银行仍可有所得。而乐观点说，如果企业成功，银行不仅收回借款，还要加收约定利息，此时亨利获得全部“超额净收益”——超过约定付给银行之后的全部净收益。简而言之，在悲观状态下，亨利比银行更糟；而在乐观状态下，亨利比银行更好。当然，银行必须信任亨利会承担责任而不会逃逸不偿还借款。

举债后的情况比初创时亨利提供全部资本的情况更为复杂。确定向企业求偿的价值亦更难。企业的决策因为影响更多的利益相关者而尤为复杂。现在的情况是：①亨利保持企业的唯一所有权；②亨利仍然控制企业的资产，但受银行借款义务的约束；③银行承担一定风险；④亨利承担其余全部风险。这是企业风险的主要部分。

不久，亨利有了更多的顾客订单，甚至每天相继而来，以至于他个人终生都无法完成。为了满足这些顾客的需要，亨利雇用了一些员工。此时，虽然资产负债表并无变化，但亨利企业对其员工承担某些固有的义务。例如，倘若企业迟付工资，其员工会很烦恼。同时，员工也对企业承担某些固有的义务。例如，员工不得为个人谋利而报销费用。因此，虽然资产负债表和企业所有权没有变化，但是亨利对企业资产的控制权却受到更多的约束。

对亨利汽车的需求持续上升。此时虽然亨利雇用员工按订单制造汽车，但他再次陷入购买原材料资金不足的困境。他去找银行，但银行拒绝增加贷款。换言之，银行不愿承担追加贷款的风险。只有亨利投入更多资本，银行才肯增加贷款。但是，亨利已身无分文，他已将全部资金都投入了企业。银行建议亨利进行其他权益性筹资，亨利依计而行。像网景公司一样，亨利将公司的股份让售给新的权益所有者，还组建了董事会。

表3列示了该企业新的资产负债表。

表3　亨利企业上市后的资产负债表

项目	金额	项目	金额
现金	C″		
原材料	R″	银行借款	B″
工具	T″	新股东权益	O″
汽车间	G″	亨利权益	HE″
资产总额	TA″	负债及所有者权益总额	TA″

亨利及其企业现在所处的境况是：①该企业已不再由亨利独有；②尽管亨利仍然担任经理并控制企业的资产，但此时受到更多的约束，除了银行借款和员工义务之外，他还要承担为其他股东最佳利益行事的义务；③银行继续承担企业的一些风险；④亨利不再承担剩余的全部企业风险，他和新股东按每人持有股份的比例分担剩余的企业风险。

应当指出新股东投资的动机，其动机与亨利和银行一样，都是为了获利。企业获利越多，各个股东获利也就越多（按每人持股的比例）。由于各位股东包括亨利的动机相同，他们的利益似乎也是一致的。但是，亨利是唯一直接控制企业资产的股东，因而其他股东需要委托亨利按他们的最佳利益行事，如不会为本人支付不当的高薪。

随着时间的流逝，亨利企业的经营比以往更为成功。然而，亨利此时对从事多年的工作感到厌倦，决定退休靠投资收益度日。由此，亨利聘任职业经理人经营企业。聘任职业经理人与其他员工一样并不改变资产负债表。但这种变更却非常重要：亨利不再直接控制企业及其资产，而是由职业经理人控制企业资产，同时亨利已经与其他股东一样了。尤其是，亨利必须委托职业经理人为其利益经营企业，就像其他股东曾经委托他经营企业那样。

这时，亨利企业已成为一个特大型而复杂的股份有限公司。在初创时，其资产负债表的右方非常简单，资产全部由亨利权益提供。现在变得复杂了，股东之间涉及外在和内在的约定。每项变更都增加了股东之间的潜在利益冲突。例如，对企业资产无直接控制权的股东，可能宁愿企业冒高风险以便取得高收益的机会，因为还有其他资产能够“承受”风险。与这些股东相比，企业职业经理人对资产拥有直接控制权。但受企业风险的影响不同，经理人的决策也不同。倘若企业破产，职业经理人会失业。因此，职业经理人可能减少或规避限制企业风险，甚至放弃有较大潜在收益的投资机会。

阅读了上述材料之后，请讨论：

（1）亨利与银行之间可能存在的利益冲突。

（2）亨利与其他股东之间可能存在的利益冲突。

（3）亨利企业的职业经理人与亨利和其他股东之间可能存在的利益冲突。

（4）会计应当如何协调上述各方的利益冲突？

（5）从独资企业到公司这种企业组织形式的演变，会计信息使用者发生了哪些变化？

第十一章　作业成本法与作业管理

【学习目的与要求】

通过本章学习，应该了解传统成本计算法的制造费用分配及其存在的问题，理解和掌握作业成本法与作业管理的基本原理。

【学习重点与难点】

本章的学习重点是作业成本法与作业管理的基本原理，学习难点是作业成本法与作业管理的运用。

【内容提示】

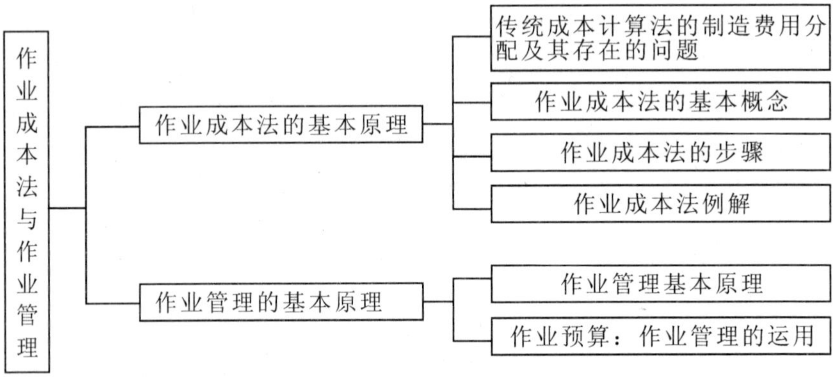

【练习题】

一、单项选择题

1. 将成本分配到成本对象的形式中，得到的产品成本最准确的是(　　)。

A. 直接追溯　　B. 间接追溯

C. 动因追溯　　D. 分摊

2. 机器工时属于（　　）。

A. 业务动因　　B. 持续动因

C. 强度动因　　D. 资源动因

3. 检验不同产品所耗用的时间属于（　　）。

A. 业务动因　　B. 持续动因

C. 强度动因　　D. 资源动因

4. 改善机器准备作业或者剔除归集在作业里的闲置资源并对其进行重新配置，这些属于降低成本途径中的（　　）。

A. 作业消除　　B. 作业选择

C. 作业减少　　D. 作业分享

5. 精确度最高，但执行成本最昂贵的作业动因是（　　）。

A. 业务动因　　B. 持续动因

C. 强度动因　　D. 以上三者相同

6. 下列有关作业成本法基本理论的观点不正确的是（　　）。

A. 企业的全部经营活动是由一系列相互关联的作业组成的

B. 企业每进行一项作业都要耗用一定的资源

C. 企业生产产品所耗费的全部成本都应该先分配到有关作业，计算作业成本，然后再将作业成本分配到有关产品

D. 产品的成本实际上就是企业全部作业消耗资源的总和

7. 下列说法不正确的是（　　）。

A. 作业是指企业在经营活动中所进行的一系列与产品生产有关的各项活动

B. 一项作业对任何加工或服务对象都必须是重复执行特定的或标准化的过程和方法

C. 执行任何一项作业都是需要耗费一定资源的

D. 一项作业必须是一项非常具体的活动

8. 下列哪种作业属于为维持企业的生产过程而产生的作业（　　）。

A. 产量级作业　　B. 批次级作业

C. 品种级作业　　D. 生产维持级作业

9. 采用正常成本分配率的作业成本分配率计算方法的特点是（　　）。

A. 可以避免产生因作业成本变动和作业需求不足而引起的产品成本波动

B. 无须分辨实际成本与预算成本的差异

C. 作业成本资料只能在会计期末才能得到，因而不能随时提供进行决策的有关成本信息

D. 忽视作业需求变动对成本的影响不利于划清造成成本高低的责任归属

10. 下列属于生产维持级作业的（　　）。

A. 人工工时

B. 材料转移次数

C. 按产品品种计算的图纸制作份数

D. 公司的广告费用

11. 通常不属于批次级作业的是（　　）。

A. 采购次数　　B. 生产准备次数

C. 质量检验次数　　D. 耗电千瓦时数

12. 下列关于增值成本和非增值成本的说法中错误的是（　　）。

A. 增值成本是企业高效率执行增值作业时发生的成本

B. 非增值成本是由于非增值作业而发生的成本

C. 对于一项非增值作业来讲，它所发生的成本全部是非增值成本

D. 增值成本是一种理想的或最优的标准

13. 某车间生产甲、乙两种产品，都需经过作业 A 的加工，本月该作业实际共发生成本 86 490 元，采用预算分配率分配的作业 A 成本甲产品是 55 000 元，乙产品是 38 000 元，则甲产品实际应承担的作业 A 的成本为（　　）元。

A. 55 000　　B. 56 000

C. 54 300　　D. 51 150

14. 某车间只生产两种产品，其搬运作业成本按预算分配率分配，预

算分配率为50元/次，本月服务于A产品的搬运次数是50次，服务于B产品的搬运次数是70次，若本月车间实际发生的搬运成本为6 300元，则调整后的A产品应承担的实际搬运成本为（　　）元。

A. 3 675　　B. 2 625

C. 2 715　　D. 3 585

15. 下列有关客户成本表述不正确的是（　　）。

A. 将实现客户价值过程中的各项作业成本一并追溯到客户，即构成了客户成本

B. 购买企业相同产品的不同客户的成本应当是一致的

C. 购买企业相同产品的不同客户的成本可以不一致

D. 计算和分析客户成本，有利于企业针对客户的不同要求，合理制定销售价格，计算客户利润，并决定客户的取舍

二、多项选择题

1. 判断某项作业是否是增值作业，衡量的标准有（　　）。

A. 该作业能使产品增值

B. 该作业能够带来加工对象状态的改变

C. 加工对象状态的改变，只能由该作业实现，而不能由价值链中的前一项作业实现

D. 该作业使价值链中的其他作业得以执行

2. 作业成本法将成本分配到成本对象的形式有（　　）。

A. 直接追溯　　B. 间接追溯

C. 动因追溯　　D. 分摊

3. 从作业成本管理的角度看，降低成本的途径具体包括（　　）。

A. 作业消除　　B. 作业选择

C. 作业减少　　D. 作业分享

4. 下列有关作业成本法的说法正确的有（　　）。

A. 作业成本法克服了传统成本计算方法间接成本集合较少且缺乏同质性的缺点

B. 改变了传统成本计算方法以产量为单一分配基础的间接成本分配方法

C. 较好地克服了传统成本计算方法间接成本责任不清的问题

D. 作业成本法可以使一些在传统成本计算方法下不可控的间接成

本变得可控

5. 假定某产品的生产过程中不合格品返工为非增值作业，2007 年实际产出为 200 小时，固定成本预算总额为 11 000 元，单位产出预算变动成本为 87.5 元，那么，下列表述正确的有（　　）。

A. 增值成本为零　　B. 非增值成本为 28 500 元

C. 增值成本为 11 000 元　　D. 非增值成本为 11 000 元

6. 作业成本法的基本理念有（　　）。

A. 以作业量为成本分配基础

B. 以作业为成本计算的基本对象

C. 产品消耗作业、作业消耗资源

D. 生产导致作业的发生、作业导致成本的发生

7. 作业动因分为（　　）。

A. 资源动因　　B. 业务动因

C. 持续动因　　D. 强度动因

8. 作业成本管理的对象有（　　）。

A. 产品　　B. 成本

C. 作业　　D. 增值成本

9. 采用实际作业成本分配率分配作业成本，其局限性体现为（　　）。

A. 不能随时提供决策所需的成本信息

B. 因作业成本和作业需求不足容易引起产品成本波动

C. 不利于划清造成成本高低的责任归属

D. 需要分配成本差异，增加成本分配的工作量

10. 在每批产品投产前，需要进行一次调整设备的作业，同时需要进行一次向生产车间发放材料的作业。则作业成本的分配可以选择（　　）来进行。

A. 设备调整次数　　B. 发放材料的次数

C. 调整机器工时数　　D. 调整产品产量

11. 作业成本法的优点有（　　）。

A. 提供了相对准确的成本信息

B. 可以有效地改进企业的战略决策

C. 提供了便于不断改进的绩效评价体系

D. 有助于增强企业的核心竞争力

12. 下列关于增值成本表述正确的有（　　）。

A. 是企业高效率执行增值作业时发生的成本，是企业唯一“应该”发生的成本

B. 增值成本 - 非增值成本 = 实际作业产出的预算成本

C. 非增值成本 = 实际作业产出的预算成本 - 增值成本

D. 增值成本在数值上等于实际成本扣除非增值成本

三、判断题

1. 作业成本法下的产品成本是完全成本。(　　)

2. 成本动因是驱动或产生成本、费用的各种因素，它通常可分为两种：资源动因和作业动因。(　　)

3. 有几个同质的作业成本库，就应该有几个成本动因。(　　)

4. 价值链最重要的应用是揭示企业与竞争对手相比的相对成本地位。(　　)

5. 资源动因能够反映产品质量与作业成本之间的因果关系。(　　)

6. 作业中心是指将各种资源耗费项目按同一作业动因归集起来的成本类别。(　　)

7. 本期发生的生产调度成本，其成本动因是生产批次。(　　)

8. 作业管理仅限于企业内部的供求销分析，它的研究范畴与传统成本控制的研究范畴不同。(　　)

9. 公司层作业成本大多与企业的生产能力相联系。(　　)

10. 因质量问题出现的返修、重复检查属于增值作业。(　　)

四、计算题

1. 某公司成功地生产和销售豪华型和普通型两种打印机。假设该公司两种产品的财务数据如下表所示：

	豪华型	普通型
产量（台）	5 000	15 000
售价（元）	4 000	20 00
单位直接材料和人工成本（元）	2 000	800
直接人工（小时）	25 000	75 000

公司管理会计师划分了作业、间接成本集合，如下表所示：

作业	间接成本集合（万元）
调整	300
机器运行	1 625
包装	75
合计	2 000

两种产品的实际作业量如下表所示：

作业动因	豪华型作业消耗	普通型作业消耗	合计
调整次数（次）	200	100	300
机器小时（小时）	55 000	107 500	162 500
包装单数量（个）	5 000	10 000	15 000

要求：

（1）采用传统（产量基础）成本计算制度，以直接人工工时为分配标准，确定两种产品的单位盈利能力。

（2）采用作业成本法，确定两种产品的单位盈利能力。

2. 假定某产品的生产过程由4项作业组成：机器运行、人工组装、质量检验、不合格品返工。经分析，机器运行、人工组装是增值作业，产品质量检验、不合格品返工为非增值作业。机器运行作业每月增值标准（扣除正常的机器维修和保养时间，操作人员的交接班时间和必要的休息时间，但不扣除停工待料、技术故障、电力供应中断等非正常停工时间）为5 000小时；标准单位固定成本为200元/小时，标准单位变动成本为150元/小时；2009年实际产出为4 500小时。人工组装产品作业每月增值作业标准工时为4 000小时；标准单位固定成本为300元/小时；标准单位变动成本130元/小时；2009年实际作业产出3 000小时。产品质量检验作业和返工作业为非增值作业，实际作业产出分别为500小时和400小时；固定成本预算总额分别为20 000元和22 000元；单位产出预算变动成本分别为

90 元/小时和 150 元/小时。

要求：确定该产品生产的增值和非增值成本。

五、简答题

1. 简述传统制造分配方法中可能存在的问题。
2. 简述作业成本法的基本步骤。
3. 作业成本法的作业可分为哪几大类？
4. 简述作业管理中成本节约的措施。

六、案例分析

某出版社出版两种版本的美食食谱：平装本和精装本。该出版社采用机器小时分配制造费用。这两种版本美食食谱的制造费用包括能量成本 200 000 元和质量检验成本 300 000 元。其他相关资料如下表所示：

	精装本	平装本
销售收入（元）	1 600 000	1 400 000
直接成本（元）	1 250 000	600 000
产量（本）	500 000	350 000
机器小时（小时）	42 500	7 500
检验次数（次）	2 500	12 500

过去该出版社一直采用机器小时分配制造费用。

要求：

1. 运用传统成本计算方法计算各种美食食谱的成本及其利润。
2. 运用作业成本法计算各种美食食谱的成本及其利润。
3. 根据两种成本计算方法可能得出什么不同的结论？

第十二章　平衡计分卡

【学习目的与要求】

通过本章学习，应该了解企业组织价值创造模式的转变与财务绩效评价的内在局限，理解和掌握平衡计分卡的基本原理与平衡计分卡的战略思维。

【学习重点与难点】

本章的学习重点是平衡计分卡的基本原理及其运用，学习难点是平衡计分卡的战略思维。

【内容提示】

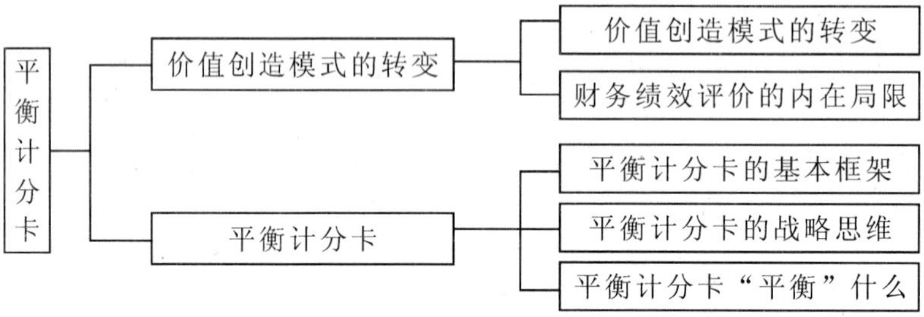

【练习题】

一、单项选择题

1. 下列属于财务维度指标的是（　　）。

　A. 销售收入　　　　B. 顾客满意度

C. 员工满意度　　D. 顾客带来的利润率

2. 下列属于顾客维度指标的是（　　）。

A. 市场份额　　B. 利润

C. 销售收入　　D. 员工满意度

3. 下列属于内部业务流程维度指标的是（　　）。

A. 员工满意度　　B. 销售收入

C. 废品率　　D. 顾客满意度

4. 下列属于学习与成长维度指标的是（　　）。

A. 顾客满意度　　B. 员工满意度

C. 生产周期　　D. 返工率

5. 基于平衡计分卡的绩效评价的逻辑起点与核心是（　　）。

A. 顾客满意度　　B. 员工满意度

C. 企业组织的战略　　D. 利润最大化

二、多项选择题

1. 作为一种绩效评价思维，在保留主要财务指标的同时，平衡计分卡引入了未来财务绩效的动因，包括（　　）。

A. 战略维度　　B. 顾客维度

C. 内部业务流程维度　　D. 学习与成长维度

2. 顾客维度的指标有（　　）。

A. 市场份额　　B. 顾客留住率

C. 顾客获得率　　D. 顾客满意度

3. 内部业务流程的指标有（　　）。

A. 标准成本　　B. 利润

C. 企业组织经营灵活性　　D. 生产周期

4. 学习与成长维度的指标有（　　）。

A. 员工留住率　　B. 员工的培训与提升

C. 员工满意度　　D. 员工的工作能力

5. 平衡计分卡需要平衡（　　）。

A. 财务指标　　B. 非财务指标

C. 前置指标　　D. 滞后指标

三、判断题

1. 由于企业组织的价值创造模式的转变，以财务指标为基础的绩效评价的局限性越来越明显。(　　)

2. 财务指标与企业组织各个层次的相关性增强。(　　)

3. 平衡计分卡包括战略维度、财务维度、内部业务流程维度、学习与成长维度。(　　)

4. 标准成本是财务维度的指标。(　　)

5. 市场份额是顾客维度的指标。(　　)

6. 顾客带来的利润率是财务维度的指标。(　　)

7. 对顾客需求的反应时间是内部业务流程维度的指标。(　　)

8. 员工满意度是学习与成长维度的指标。(　　)

9. 基于平衡计分卡的绩效评价的逻辑起点与核心是市场份额。(　　)

10. 平衡计分卡的四个维度只是一个开放性的框架。(　　)

四、简答题

1. 财务绩效评价存在哪些主要缺陷？

2. 平衡计分卡包括哪些维度？

3. 平衡计分卡的逻辑起点与核心是什么？

4. 基于平衡计分卡的绩效评价必须解决哪两个问题？

5. 平衡计分卡需要平衡什么？

五、案例讨论题

1. 财务学教授与市场营销学教授在一起讨论企业经营目标。

时间：20 世纪 90 年代的某一天。

地点：哈佛大学商学院某案例室。

人物：财务学教授与市场营销学教授。

主题：企业经营目标究竟是什么？

主要观点：财务学教授认为企业经营目标是企业价值最大化，而市场营销学教授则认为企业经营目标是最大限度地满足顾客要求。为此，两位教授各执一词，互不相让，争得脸红耳赤。争论还在继续……

根据上述材料请讨论：

（1）财务学教授与市场营销学教授对企业经营目标的认识有何异同？

（2）如果财务学教授与市场营销学教授分别代表企业的财务部门与营销部门，如何协调其认识的差异？这种协调对企业有何实践意义？

2. 对话平衡计分卡

请阅读下列素材：

贵公司推动平衡计分卡了吗？推动平衡计分卡的过程中您碰到了什么问题？这篇文章可以给您及贵公司提供一些启示和解决问题的方法。

《哈佛商业评论》在庆祝创刊八十华诞之际，隆重评选出了“过去八十年来最具影响力的十大管理理念”，平衡计分卡名列第二。与此同时，世界500强中有80%的企业组织运用了平衡计分卡。然而，就在管理界庆贺平衡计分卡的出现终于解决了世界性难题——绩效管理时，一些已实施了平衡计分卡的企业却传出了质疑的声音：平衡计分卡不仅未能解决企业绩效考核的难题，反而使考核变得更加无序。

Q公司是一家生产塑料机械的大型国有企业，2001年初开始实施平衡计分卡，但不到一年便宣告流产。回忆起当初的实施情况，Q公司人力资源部总监S无奈地说，他是在国外参加培养训练的时候知道了平衡计分卡的，当时的第一感觉是眼前一亮，他以为：有了这样的工具，公司一直以来考核指标混乱的问题就会迎刃而解了。

从美国回来后，S立即将在国外的学习情况向领导汇报，并着重介绍了平衡计分卡的先进理念，力主在企业内全面予以实施。在公司行政的强力推动下，S先后多次组织召开各二级单位、部门负责人会议，大力宣讲平衡计分卡在企业中应用的好处。同时他还组织人力资源部全体员工，深入二级单位和各部门调研、协商、沟通，加班加点忙活了几个月，终于初步达成共识，制定了较为完整的四大考核指标：财务指标、顾客指标、业务流程指标和员工学习与成长指标。人力资源部还为此制作了大量表格下发到各单位，并对相关人员进行了培养训练。

令S没有想到的是，项目一开始实施，问题便接踵而来。比如，营销部门的顾客指标，要求营销人员如实填报拜访顾客情况，但这个要求不仅令营销人员感到烦琐，就是人力资源部人员也感到困惑。因为指标的真假虚实根本无从考证，更无法监控。再比如，员工的学习与成长指标如何制定？又如何量化？要求员工每月读几本书，每月参加几次培养训练，但结果如何？意义又何在呢？

Q公司是一家大型企业，部门及二级单位加起来有几十个，每个单位提几个意见加起来就是一大堆。S回想起那段时间，感慨万千地说：“人力资源部就像是消防队，不断接到投诉，不断地去救火。结果是指标越调整越乱，部门抵触情绪越来越大，员工们怨声载道。”

S 说：“公司虽然建立了基于平衡计分卡的考核指标，但由于指标分解制定得不科学，因而也就无法建立行之有效的监控体系。”如何制定科学有效的考核指标？S 一脸茫然。最终，Q 公司的平衡计分卡绩效管理体系不了了之，各部门仍旧沿用过去的以财务指标为核心的考核体系开展工作。

“其实，许多企业实施平衡计分卡失败，并非是失败在平衡计分卡本身，而是失败在考核上，因为企业的管理一定是要建立在制度的安排上。所谓制度安排，即所有的工作一定要有制度、有流程、有量化、有考核。如果离开了这个基础，盲目实施平衡计分卡当然不可能成功。”唐山建龙实业有限公司人力资源总监王晓冰针对这个案例解释道。

具有多年国外工作经历的王晓冰对平衡计分卡可谓认识、理解颇深。他认为，平衡计分卡是一个理念十分先进的游戏规则，企业实施平衡计分卡项目就如同在绿茵场上踢足球，球员先要学规则，学会如何不越位、如何合理冲撞、如何传球，只有熟练掌握了这套规则，才能想怎么玩就怎么玩。“试想，如果一个球员连同伴传过来的球都接不住，又怎么能够再将球踢出去？这样的球队又怎么能赢？”王晓冰戏言。

“中国有许多企业总梦想着从经验管理（或能人管理）一步跨越到现代管理。事实上，制度管理是企业永远也不可逾越的。”王晓冰斩钉截铁地说。唐山建龙实业有限公司是中国民营企业中较早实施平衡计分卡项目的一家单位。这家坐落在偏僻的河北小城遵化的钢铁企业，在短短几年时间就能够与鞍钢、首钢等大企业集团同台竞技，并成为中国冶金行业的一面旗帜，王晓冰认为这一切得益于管理，而实施平衡计分卡功不可没。

中国企业如何实施平衡计分卡？王晓冰认为，绝对没有固定的模板让企业拿过来就可以套用。不同的企业，由于管理基础不同、员工素质不同、企业文化不同，实施平衡计分卡项目的方法肯定不同。

王晓冰认为没有什么工作是不可量化的。比如，顾客指标，在对二级单位分解时，总部可以要求它的顾客关系较去年有所改善，那么，衡量是否改善的量化指标可以是顾客购买其产品的份额是否上升，即：假定一个顾客去年的钢材总购买量是 1 万公顿，其中 50% 是在建龙购买的，另 50% 是在其他钢厂购买的，那么，再假如他今年钢材总购买量仍是 1 万公顿，如果在建龙购买的比例上升了则意味着顾客关系有所改善，反之则顾客关

系恶化；如果是考核顾客满意度是否提升，具体衡量的方法则可以是企业与顾客共同制定一个包括服务态度、供货质量、价格协议执行情况、信用等内容的改善方案，年终由总部会同顾客共同考核。

至于二级单位的营销人员是否去拜访顾客，拜访效果如何等细节，总部根本不需过问。对于员工学习与成长指标，王晓冰认为，假定一个企业未来 3 年的发展战略是人均能进入同行业前 3 名，而要达到这个战略目标，3 年内企业必须有 20% 的员工要达到高级技师水准。再根据这个总目标向二级单位及部门分解，量化指标就清晰可见了。

同样，财务指标也是如此。比如，给人力资源部制定的财务指标是 3 年内全员劳动生产率提高 2 个百分点，人力资源成本下降 3 个百分点，那么人力资源部就会向二级单位分解。而二级单位如果完成了上述指标就必须取得人力资源部的支持，人力资源部如果要完成总目标也同样需要二级单位的配合。这样，双方在如何定员、如何制定合理的薪酬激励、员工培养训练率是多少、合格率是多少等问题上就会制定相应的政策和机制。

“对于总部来说，实施平衡计分卡的关键是根据战略目标要求，设定并分解指标，然后考核其结果，最终将结果与薪酬挂钩。”王晓冰如是说。

王晓冰认为，实施平衡计分卡一定要遵循以下几项原则：

一是宜粗不宜细。平衡计分卡的目的是为了均衡地改善绩效，而不是为了考核而考核，更不是用这样一个工具去卡员工。

二是不拘于形式。比如，一个二级单位，一、二月份可能是它的生产淡季，那么，这时它可能会在这个时期集中精力抓员工的培养训练与成长，也可能在这两个月就完成了全年的培养训练指标，而第二、三季度它可能会全力以赴抓销售。平衡计分卡绝不是每个月都要均衡地去抓四项指标，更不是每项指标都是均衡的，它四项指标的设定是随着战略的变化而变化，根据单位、部门责任的不同确定其权重。

三是不在小节上纠缠。在推行的过程中不要怕有问题，要允许它有一个完善的过程。王晓冰强调，平衡计分卡是一个针对组织的年度目标考核体系，它关注的是企业内部的业务流程、外部的经营环境建设、短期与长期目标，尤其是长期目标。因此，实施过程中至少要在半个年度有一次模拟考核，目的是发现问题、解决问题，以确保年度目标达成。

对于个人考核，王晓冰认为，员工的日常考核还是应严格按照工作说明书规定的职责，确立关键绩效指标（KPI）以保证其工作正常营运。关键绩效指标（KPI）考核与平衡计分卡应该是相互补充、相互促进的共同体，因为关键绩效指标（KPI）是维系日常工作营运的，而平衡计分卡的目的则是保证年度目标的达成。

阅读上述资料之后，请讨论：

（1）Q公司实施平衡计分卡失败的原因。

（2）如何评价唐山建龙实业有限公司人力资源总监王晓冰的点评？

各章练习题参考答案

第一篇 导 论

第一章 管理会计概论

一、单项选择题

1. A 2. A 3. B 4. B 5. D

二、多项选择题

1. ABC 2. BC 3. AC 4. AC 5. ABCD 6. ABCD 7. ABCD

三、判断题

1. × 2. √ 3. × 4. √ 5. √ 6. √ 7. × 8. √ 9. × 10. ×

四、简答题

1. 企业组织包括哪些形式？各种企业组织形式有何特征？

企业组织形式主要包括独资企业、合伙企业和公司三种形式。

独资企业是指一个人出资经营，出资者对企业债务承担无限责任的一种企业组织形式。独资企业具有如下特征：①独资企业创建成本较低；②独资企业需要的资本数额较少；③独资企业不是纳税主体；④独资企业难以筹集到大量的资本；⑤独资企业的业主对企业债务承担无限责任；⑥独资企业具有有限的生命力。

合伙企业是指由两个或两个以上的业主（自然人）共同投资经营，共负盈亏，共担风险的企业组织。合伙企业具有如下特征：①合伙企业不是独立的法律主体；②各合伙人互为代理；③合伙人负无限责任；④合伙企业生命具有有限性；⑤合伙人共有财产；⑥合伙企业不是纳税主体。

公司是由政府主管部门创造的法人组织，具有所有权与经营权分离的重要特性。正是由于这个特性，公司具有如下基本特征：①公司具有无限的生命力；②公司股份的转让相当方便；③公司的所有者即股东只负有限的偿债责任。

2. 何谓财务会计？何谓管理会计？两者有何区别与联系？

财务会计主要是立足企业组织，面向市场，通过定期地提供财务报告，为企业组织的利益相关者服务。管理会计主要通过内部管理报表或绩效报告为企业组织内部经营管理服务，即为企业组织的经营管理决策提供相关信息。

财务会计与管理会计是现代会计的“同源分流”。“同源分流”概括了两者之间的区别（“分流”）与联系（“同源”）。之所以说财务会计与管理会计是现代会计的“同源”，是因为它们之间存在密切的联系。这主要表现在：①财务会计与管理会计都是现代会计的重要组成部分；②财务会计与管理会计都依存于“受托责任”。之所以说财务会计与管理会计是现代会计的“分流”，是因为它们在提供信息的侧重点方面不同。由此，财务会计与管理会计又存在明显的差异。这主要表现在：①财务会计侧重于为企业组织的外部利益相关者提供有助于决策的信息，而管理会计则侧重于为企业组织的内部经营管理决策提供相关信息。②财务会计强调过去，而管理会计则强调现在与未来。③财务会计受“公认会计原则”的制约，而管理会计则不受“公认会计原则”的制约。管理会计主要考虑经营管理决策的“成本效益”与管理行为问题。④财务会计注重可证实性和货币性信息，而管理会计则较少强调可证实性，更多地强调货币（财务）性信息与非货币（财务）性信息并重以及数量计算与决策者的综合判断相结合。⑤财务会计以会计主体为核心，而管理会计则强调多维的主体观念，它不仅仅把企业组织看成一个整体，它还强调企业组织的分部，管理会计根据经营管理需要可以将一个部门或一条生产线作为主体，也可以将一个人作为主体，甚至可以将一项作业作为主体。⑥财务会计是一种强制性会计，必须按照有关规定定期地提供财务报告，而管理会计则是非强制性会计，根据经营管理决策需要而提供相关信息。⑦管理会计是一种综合性交叉学科。与财务会计相比，管理会计更多地涉及其他相关学科如管理学、心理学、社会学和行为科学等。

3. 会计信息的需求者包括哪些？

尽管会计信息的需求者相当广泛，但是，归纳起来不外乎内部、外部信息需求者两大类。①会计信息的内部需求者。会计信息的内部需求者主要包括企业组织各层次的经营者。会计信息的内部需求者主要运用会计信息制定企业组织的战略和重大决策（如购置设备、产品或服务定价、生产能力运用等）、长短期经营计划（预算）和控制日常经营活动。这类会计信息需求者的信息需求主要是管理会计信息，由管理会计提供。②会计信息的外部需求者。会计信息的外部需求者主要包括与企业组织存在密切经济利益关系的利益相关者，如股东、债权人、基金经理、证券分析师、工会组织、税务机关、立法和监管机构等。这类会计信息需求者的信息需求主要是财务会计信息，由财务会计提供。

4. 管理会计信息具有哪些基本特征？

与财务会计信息不同，管理会计信息具有如下基本特征：①管理会计信息强调财务性信息与非财务性信息并重；②管理会计信息强调信息的行为意义；③管理会计信息是一种近似值；④管理会计信息来源与取值范围取决于信息需求者的目的。

5. 有效会计系统提供的会计信息必须解决哪些问题？

一个有效的会计系统，它所提供的会计信息必须有助于解决如下三个问题：①记录与评价问题；②发现问题；③解决问题。

6. 管理会计的基本目标是什么？

管理会计的基本目标包括：①为企业组织的利益相关者提供有助于决策的相关信息即促进决策；②为企业组织的经营控制与管理决策提供相关信息即促进决策；③参与制定并实施企业组织的战略，并通过提供相关信息，对企业组织成员进行激励与管理即影响决策。

7. 美国管理会计师职业道德行为准则包括哪些内容？

美国管理会计师职业道德行为准则包括技能、保密、廉正和客观等四个方面的内容。

8. 有人说“财务会计信息是目的本身，而管理会计信息是达到目的的手段”。对此，你有何评论？

从会计系统而言，财务会计主要服务于经理人的投资者角色，解决“赚多少钱”（计量价值）的问题，财务会计的目标之一就是提供企业组织经营成果的信息。从这个意义上说，财务会计信息就是目的本身。管理会计主要服务于经理人的经营者角色，解决“如何赚钱”（创造价值）的问题，管理会计的目标之一就是为企业组织获得良好经营成果提供信息。从这个意义上说，管理会计信息就是达到目的的手段。然而，如果从整个企业组织的经营目标而言，无论财务会计信息还是管理会计信息，都是达到目的的手段。

五、案例分析

1. 李四对张三的要求是不道德的。根据管理会计师职业道德行为准则，李四的要求违反了技能、廉正和客观方面的规定。违反技能的规定，是因为她要求张三准备的报告是不完整和不清晰的，遗漏了潜在的相关信息。这使董事会没有获得对部件损坏问题做出决策所需要的全部信息。违反廉正的规定，是因为修改之后的报告为了达到李四的目的而妨碍了整个公司实现其既定的目标。管理会计师不仅有责任报告有利的信息，而且也有责任报告不利的信息，不能“报喜不报忧”。最后，修改之后的报告不客观，它没有充分披露所有可能影响董事会了解经营情况从而做出决策的相关信息。

2. 张三有责任与暨南电器公司的更高层管理人员讨论此事。张三应该让李四了解他的顾虑，这样可能会使李四撤回她的要求从而解决此事。否则，张三应该告诉李四，他将把此事向她的上级以及更高层管理人员汇报，有必要的话，甚至可能报告董事会，直到问题解决为止。当然，为了不违反保密原则，张三不应该与暨南电器公司以外的人员谈论此事。

第二章　多维成本观念

一、单项选择题

1. A　2. B　3. C　4. D　5. A　6. B　7. B　8. D　9. B　10. C

二、多项选择题

1. ABC　2. AB　3. CD　4. BC　5. ABC　6. ACD　7. BC　8. ABC　9. AB　10. BC

三、判断题

1. √　2. √　3. ×　4. √　5. √　6. √　7. ×　8. √　9. ×　10. ×

四、计算题

1. （1）直接材料成本为 480 000 元。

（2）间接材料成本为 32 000 元。

（3）直接人工成本为 160 000 元。

（4）制造费用为 160 000 元。

（5）销售及管理费用为 200 000 元。

（6）成本总额为 1 000 000 元。

2. 首先，求出最高业务量下的混合成本总额：

176 250 − 60 000 − 75 000 × 50 000/50 000 = 41 250 元

其次，运用高低点法分解混合成本总额：

b =（41 250 − 32 500）/（75 000 − 50 000）= 0.35 元/件

a = 41 250 − 0.35 × 75 000 = 15 000 元或 a = 32 500 − 0.35 × 50 000 = 15 000 元

最后，写出混合成本的表达式：

$Y = 15\ 000 + 0.35X$

这样，成本总额的表达式为 $Y = 75\ 000 + 1.35X$。

如果该公司某年度计划生产 65 000 件：

混合成本总额 = 15 000 + 0.35 × 65 000 = 37 750 元

成本总额 = 75 000 + 1.35 × 65 000 = 162 750 元

或成本总额 = 37 750 + 60 000 + 65 000 = 162 750 元

3.（1）首先，确定高低点如下表所示：

	机器小时（X）	维修成本（Y）
最高点	460	500
最低点	140	280
最高点与最低点之间的差异	320	220

其次，运用高低点法分解维修成本：

b =（500 − 280）/（460 − 140）= 0.687 5 元/小时

a = 500 − 0.687 5 × 460 = 183.75 元或 a = 280 − 0.687 5 × 140 = 183.75 元

最后，写出维修成本的表达式：

$Y = 183.75 + 0.6875X$

（2）首先，编制回归分析数据表如下表所示：

月份	X_i	Y_i	X_iY_i	X_i^2
1	440	460	202 400	193 600
2	460	500	230 000	211 600
3	380	400	152 000	144 400
4	240	400	96 000	57 600
5	240	400	96 000	57 600
6	180	300	54 000	32 400
7	140	280	39 200	19 600
8	220	280	61 600	48 400
9	280	320	89 600	78 400
合计	2 580	3 340	1 020 800	843 600

其次，根据上表的数据，计算 a 和 b 的数值：

$a=(843\ 600\times3\ 340-2\ 580\times1\ 020\ 800)/(9\times843\ 600-2\ 580^2)=196.54$元

$b=(9\times1\ 020\ 800-2\ 580\times3\ 340)/(9\times843\ 600-2\ 580^2)=0.609\ 0$元/小时

最后，写出维修成本的表达式：

$Y=196.54+0.609\ 0X$

(3) 如果根据高低点法，机器小时为450小时，其维修成本为：

$Y=183.75+0.6875\times450=493.13$ 元

如果根据回归分析法，机器小时为450小时，其维修成本为：

$Y=196.54+0.609\ 0\times450=470.59$ 元

(4) 显然，高低点法与回归分析法的计算结果不同，其可能原因是高低点法的最高点与最低点缺乏代表性。

4. 其边际成本为2。

五、简答题

1. 财务性成本按其管理职能如何分类？

按其管理职能，财务性成本可以分为制造成本与非制造成本。

2. 财务性成本按其时间归属如何分类？

按其时间归属，财务性成本可以分为产品成本与期间成本。

3. 财务性成本按其归属于产品的难易程度如何分类？

按其归属于产品的难易程度，财务性成本可以分为直接成本与间接成本。

4. 财务性成本按其与企业组织经营活动的联系如何分类？

按其与企业组织经营活动的联系，财务性成本可以分为生产经营成本与资本经营成本。

5. 何谓成本性态？控制性成本按其性态如何分类？如何分解混合成本？

成本性态，又称成本习性，指成本总额的变动与业务量之间的依存关系，也就是在一个特定的相关范围内，如果某项业务量发生变动，与之相对应的成本将如何变动。

按照成本性态，控制性成本可以分为变动成本与固定成本。

混合成本分解的方法主要包括历史成本分析法、工程研究法、账户分类法和合同认定法。但是，较常用的是历史成本分析法。历史成本分析法包括高低点法、散布图法和回归分析法。

6. 控制性成本按其管理权限如何分类？

控制性成本按其管理权限可以分为可控成本与不可控成本。

7. 决策性成本如何分类？

按其差异性，决策性成本可以分为差别成本与边际成本；按其排他性，决策性成本可以分为机会成本与应负成本；按其影响的时效性，决策性成本可以分为沉落成本、重置成本与付现成本；按其可避免性，决策性成本可以分为可避免成本与不可避免成本；按其可延缓性，决策性成本可以分为可延缓成本与不可延缓成本；按其与决策的相关性，决策性成本可以分为相关成本与非相关成本。

六、讨论题

1. 固定成本分配是一个管理问题，而不是一个算术问题。因此，必须关注固定成本分配基础的武断性以及由此而引起的管理行为反应，并观察这些管理行为的反应是否符合企业组织的行业特征和发展战略。

2. 倡导多维成本观念并不意味着倡导“做假账”。不论基于何种目的，其成本的原始素材（基础）都是相同的，只不过基于不同目的的实行加工、整理和扩展。所谓“做假账”就是“无中生有”。

第二篇　从成本会计到管理会计

第三章　标准成本法

一、单项选择题

1. B　2. B　3. B　4. E　5. C　6. D　7. B　8. D　9. A

二、多项选择题

1. ABC　2. BC　3. ABD　4. AD　5. ABD　6. AB　7. ABC

三、判断题

1. √　2. √　3. ×　4. ×　5. ×　6. √　7. √

四、计算题

1. （1）直接材料成本差异：

材料价格差异 = 实际数量 ×（实际价格 - 标准价格）=（800 × 0.11）×（140 - 150）= -880 元

材料数量差异 =（实际数量 - 标准数量）× 标准价格 =（800 × 0.11 - 800 × 0.1）× 150 = 1 200 元

直接材料成本差异 = 价格差异 + 数量差异 =（-880）+ 1 200 = 320 元

由于材料实际价格低于标准价格，使材料成本核算下降 880 元；由于材料实际数量高于标准数量，使材料成本上升 1 200 元，两者相抵，直接材料成本净上升 320 元，为不利差异。

（2）直接人工成本差异：

工资率差异 = 实际工时 ×（实际工资率 - 标准工资率）=（800 × 5.5）×（3.9 - 4.0）= -440 元

人工效率差异 =（实际工时 - 标准工时）× 标准工资率 =（800 × 5.5 - 800 × 5.0）× 4 = 1 600 元

直接人工成本差异 = 工资率差异 + 人工效率差异 =（-440）+ 1 600 = 1 160 元

由于实际工资率低于标准工资率，使直接人工成本下降 440 元；由于实际工时高于标准工时，使直接人工成本上升 1 600 元。两者相抵，直接人工成本净上升 1 160 元，为不利差异。

（3）变动性制造费用差异：

变动性制造费用耗费差异 = 实际工时 ×（变动费用实际分配率 − 变动费用标准分配率）

= （800 × 5.5）×［4 000/（800 × 5.5）− 6 000/（1 000 × 5.0）］= −1 280 元

变动性制造费用效率差异 = （实际工时 − 标准工时）× 变动费用标准分配率

= （800 ×5. 5 −800 ×5. 0）×1. 2 =480 元

变动性制造费用差异 = 变动费用耗费差异 + 变动费用效率差异 = −1 280 +480 = −800 元

由于变动性制造费用实际分配率低于变动性制造费用标准分配率，使变动性制造费用下降 1 280 元；由于实际工时高于标准工时，使变动性制造费用上升 480 元。两者相抵，变动性制造费用下降 800 元，为有利差异。

（4）固定性制造费用差异：

生产能量 =1 000 ×5 =5 000 工时

固定性制造费用实际数 =5 000 元

实际产量标准工时 =800 ×5 =4 000 元

固定性制造费用标准分配率 =5 000/5 000 =1. 0 元/工时

固定性制造费用耗费差异 = 固定性制造费用实际数 − 固定性制造费用预算数

= 固定性制造费用实际数 −（固定费用标准分配率 × 生产能量）

=5 000 −（1. 0 ×5 000）=0 元

固定性制造费用产量差异 = （生产能量 − 实际产量标准工时）× 固定性制造费用标准分配率

= （5 000 −800 ×5. 0）×1. 0 =1 000 元

固定性制造费用差异 =0 +1 000 =1 000 元

由于实际固定性制造费用与预算数相同，未发生该项费用的耗费差异；但因未能达到应有的能量，使固定性制造费用发生闲置，损失额为 1 000元，属于不利差异。

2. 根据题意可知，固定性制造费用标准分配率 = 3.2/1.6 = 2.0（元/小时）

固定性制造费用支出差异 = 固定性制造费用实际数 - 固定性制造费用预算数

= 固定性制造费用实际数 - 生产能量 × 固定性制造费用的标准分配率

= 1 500 - 1 200 × 2.0 = -900 元

固定性制造费用产量差异 = 固定性制造费用预算数 - 固定性制造费用标准成本

= （生产能量 - 实际产量标准工时）× 固定性制造费用标准分配率

= （1 200 - 500 × 1.6）× 2.0 = 800 元

验算：

固定性制造费用成本差异 = 实际固定性制造费用 - 标准固定性制造费用

= 1 500 - 500 × 3.2 = -100 元

固定性制造费用成本差异 = 支出差异 + 产量差异

= （-900）+ 800 = -100 元

五、简答题

1. 企业应该如何制定标准成本？

标准成本的制定是实施标准成本法的起点，直接关系到日后成本控制的成效。为了确保标准成本的质量，相关部门和个人如行政管理部门、采购部门、技术部门、劳动工资部门、生产部门等都应该共同参与标准成本的制定。

2. 在制定标准成本过程中，应该考虑哪些因素？

正确地制定标准成本必须综合考虑多方面的因素。这些因素主要包括：①历史数据；②作业分析；③标杆基准；④企业战略。

3. 为什么通常把成本差异分为价格差异与数量差异两大类？在成本差异中哪些属于价格差异？哪些属于数量差异？

分解的目的在于从价格和用量两个因素中寻找差异形成的原因。

价格差异 = 实际用量 ×（实际价格 - 标准价格）

用量差异 = （实际用量 - 标准用量）× 标准价格

价格差异的共同因子为实际用量，而用量差异的共同因子为标准价格。

4. 如何进行直接材料成本差异分析？

直接材料成本差异可以分解为直接材料用量差异与直接材料价格差异。其计算公式为：

直接材料用量差异＝直接材料标准价格×（直接材料实际用量－直接材料标准用量）

直接材料价格差异＝直接材料实际用量×（直接材料实际价格－直接材料标准价格）

5. 如何进行直接人工成本差异分析？

直接人工成本差异可以分解为直接人工工时差异与直接人工工资率差异。

直接人工工资率差异＝直接人工实际工时×（直接人工实际工资率－直接人工标准工资率）

直接人工工时差异＝直接人工标准工资率×（直接人工实际工时－直接人工标准工时）

直接人工工资率差异属于直接人工“价格差异”，是指直接人工实际工资率偏离标准工资率所造成的差异。直接人工工时差异属于直接人工“数量差异”，是指直接人工实际工时偏离直接人工标准工时所造成的差异。

6. 如何进行变动性制造费用差异分析？

变动性制造费用的大小主要由工时（“数量”）与分配率（“价格”）决定。因此，变动性制造费用差异可以分解为变动性制造费用效率差异（“数量差异”）与变动性制造费用分配率差异（“价格差异”）。效率差异反映由于实际工时偏离标准工时所带来的差异。变动性制造费用分配率反映单位机器工时或人工工时变动性制造费用的耗费水平，所以又称耗费差异。耗费差异反映了变动性制造费用实际分配率偏离标准分配率所带来的差异。

耗费差异＝实际工时×（实际分配率－标准分配率）

效率差异＝标准分配率×（实际工时－标准工时）

7. 如何进行固定性制造费用差异分析？

与直接材料、直接人工和变动性制造费用控制不同，固定性制造费用在相关范围内，不随业务量的变化而变化。对固定性制造费用的控制采用总额预算控制，即主要考察实际发生的固定性制造费用与事先预计的固定性制造费用之间是否相同，以评价企业组织的固定性制造费用支出是否超过了预算水平，企业组织的设备规模是否适当，设备和生产能力是否得到有效利用。因此，固定性制造费用差异分析，不再从价格和数量方面着手，而是以固定性制造费用预算为参照，将其分解为支出差异和产量差异。有关计算公式为：

固定性制造费用差异＝固定性制造费用实际发生额－已分配的固定性制造费用

＝（固定性制造费用实际发生额－固定性制造费用预算）＋（固定性制造费用预算－已分配的固定性制造费用）

＝支出差异＋产量差异

其中：

支出差异＝固定性制造费用实际发生额－固定性制造费用预算

产量差异＝固定性制造费用预算－已分配的固定性制造费用

已分配的固定性制造费用＝实际产量×单位产量标准工时×标准分配率

标准分配率＝固定性制造费用预算/（预计的产量×单位产量标准工时）

8. “材料价格差异应由采购部门负责，材料用量差异应由生产部门负责。”你认为这句话正确吗？为什么？

不正确。直接材料用量差异反映生产过程中，直接材料耗用量的差异，它与生产工人是否节约用料及生产技术水平的高低有关，一般应由生产部门负责。但如果采购部门购入材料质量低劣，不符合原定生产计划的要求，则该差异应由采购部门负责。这就需要企业在制定直接材料标准成本时，根据产品的市场定位明确直接材料的质量。在质量明确的前提下，选择高质高价或低质低价材料，确定直接材料标准成本。

材料价格差异反映材料采购价格与标准价格之间的差异，一般应由采购部门负责。但是影响采购价格的原因很多，如发票价格、运输费、途中损耗费、装卸费等。如果由于生产小批量紧急订货，致使采购部门不能享受发票价格折扣或采用加急的运输方式，由此而引起材料成本的不利差异，就应由生产部门负责。

六、案例分析

1. 如果奥运公司以该竞争对手的成本数据为标准成本，奥运公司的标准成本如下表所示（单位：元）：

项目	构造部门	成品部门	合计
直接人工标准成本	60（3×20）	37.50（1.5×25）	97.50
直接材料标准成本	40（4×10）	25（5×5）	65.00
变动性制造费用标准成本	10.50（3×1.5+3×2）	5.25（1.5×1.5+1.5×2）	15.75
固定性制造费用标准成本	440（220 000/500*）	340（170 000/500**）	780.00
单位标准成本	550.50	407.75	958.25

*1 500 小时÷3 小时/件=500 件

**750 小时÷1.5 小时/件=500 件

2. 奥运公司以该竞争对手的成本数据制定标准成本可能产生的问题：第一，可比性，竞争对手能达到的标准成本，奥运公司未必能够达到；第二，适宜性，标准成本的制定必须立足企业组织的内部管理情境（生产过程的业务流程），具有个性化或企业化特征，奥运公司的内部管理情境（生产过程的业务流程）未必与竞争对手相似；第三，误导性，如果前两个问题无法解决，可能“削足适履”，误导奥运公司的经营决策，挫伤员工的生产积极性。

3. 如果陈斌只是通过个人的决策制定了标准成本，进而在奥运公司推行标准成本法，可能产生的影响：“孤注一掷”，缺乏与奥运公司内部经理人和员工的沟通，奥运公司内部经理人和员工未必理解标准成本法及其功效，可能抵触标准成本法的实施，最终导致难以贯彻实施标准成本法。

4. 为了确保标准成本法能够在奥运公司顺利实施并取得满意的效果，陈斌还需要：在奥运公司内部宣传标准成本法，与该公司内部各层次经理人沟通，让他们认同、配合并积极参与标准成本的制定工作。

第四章　变动成本法

一、单项选择题

1. C　2. D　3. B　4. C　5. B　6. D　7. B　8. B　9. A　10. D　11. C　12. D　13. B　14. C　15. B　16. A　17. B　18. B　19. D　20. A

二、多项选择题

1. DE　2. ABDE　3. ABCD　4. AE　5. BCE　6. CD

三、判断题

1. √　2. ×　3. √　4. ×

四、计算题

1. （1）根据变动成本法：
单位产品成本 =（300 000 + 80 000 + 150 000）/40 000 = 13.25 元/件
完工存货成本 = 13.25 ×（40 000 − 35 000）= 13.25 × 5 000 = 66 250 元
（2）根据完全成本法：
单位产品成本 =（300 000 + 80 000 + 150 000 + 170 000）/40 000 = 17.50 元/件
完工存货成本 = 17.50 ×（40 000 − 35 000）= 17.50 × 5 000 = 87 500 元
2. （1）8 000 −（8 000/47 500）× 2 500 = 7 578.95 元
（2）

基于完全成本法的利润表

项目	金额
销售收入	3 040 000
减：销货成本	
期初存货成本	935 000
本期生产成本	892 250
可供销售产品生产成本	1 827 250
减：期末存货成本	46 960.53
本期销货成本	1 780 289.47
销售毛利	1 259 710.53
减：期间费用	
销售与管理费用	521 000
财务费用	
期间费用合计	521 000
税前利润	738 710.53

基于变动成本法的利润表

项目	金额
销售收入	3 040 000
减：变动成本	
变动生产成本	1 624 500
变动销售费用	285 000
变动管理费用	
变动财务费用	
变动成本合计	1 909 500
贡献毛益	1 130 500
减：固定成本	
固定性制造费用	80 000
固定性销售与管理费用	236 000
固定性财务费用	
固定成本合计	316 000
税前利润	814 500

3. （1）根据完全成本法：

第一年：生产成本 = （5 + 4 + 3） × 20 000 + 90 000 = 330 000 元

单位产品成本 = 330 000/20 000 = 16.5 元/件

或 = （5 + 4 + 3 + 90 000/20 000） = 16.5 元/件

期末存货成本 = （20 000 − 15 000） × 16.5 = 82 500 元

第二年：生产成本 = （5 + 4 + 3） × 15 000 + 90 000 = 270 000 元

单位产品成本 = 270 000/15 000 = 18 元/件

或 = （5 + 4 + 3 + 90 000/15 000） = 18 元/件

基于完全成本法的利润表

	第一年	第二年
销售收入	300 000（15 000 × 20）	400 000（20 000 × 20）

（续上表）

	第一年	第二年
减：销货成本		
期初存货成本	0	82 500
本期生产成本	330 000	270 000
可供销售产品生产成本	330 000	352 500
减：期末存货成本	82 500	0
本期销货成本	247 500	352 500
销售毛利	52 500	47 500
减：期间费用		
销售与管理费用	20 000	20 000
财务费用	0	0
期间费用合计	20 000	20 000
税前利润	32 500	27 500

或：第一年本期销售成本 = 15 000 × 16.5 = 247 500 元

第二年本期销售成本 = 5 000 × 16.5 + 15 000 × 18 = 352 500 元

利用利润评价该公司的绩效，该公司第二年的绩效比第一年下降了。

（2）根据变动成本法：

单位产品成本 = 5 + 4 + 3 = 12 元/件

第一年本期销售成本 = 15 000 × 12 = 180 000 元

第二年本期销售成本 = 20 000 × 12 = 240 000 元

基于变动成本法的利润表

	第一年	第二年
销售收入	300 000	400 000
减：变动成本		
变动生产成本（销售成本）	180 000	240 000
变动销售费用	0	0
变动管理费用	0	0

（续上表）

	第一年	第二年
变动财务费用	0	0
变动成本合计	180 000	240 000
贡献毛益	120 000	160 000
减：固定成本		
固定性制造费用	90 000	90 000
固定性销售与管理费用	20 000	20 000
固定性财务费用	0	0
固定成本合计	110 000	110 000
税前利润	10 000	50 000

利用利润评价该公司绩效，该公司第二年的绩效比第一年上升了。

（3）变动成本法比较合理地评价了该公司的绩效。

4.（1）运用变动成本法，西北公司上述经济业务的必要会计分录如下表所示：

交易事项	会计分录
发生直接材料费用	借：生产成本 20 000 贷：原材料 20 000
发生直接人工费用	借：生产成本 20 000 贷：应付职工薪酬 20 000
发生制造费用	借：变动性制造费用 20 000 借：存货中的固定性制造费用 10 000 贷：相关账户 30 000 借：生产成本 20 000 贷：变动性制造费用 20 000
结转完工产品成本	借：库存商品 60 000 贷：生产成本 60 000

（续上表）

交易事项	会计分录
取得销售收入	借：应收账款 100 000 　贷：主营业务收入 100 000 借：主营业务成本 30 000 　贷：库存商品 30 000
发生期间费用	借：管理费用——变动性管理费用 10 000 管理费用——固定性管理费用 2 000 销售费用——变动性销售费用 20 000 销售费用——固定性销售费用 2 000 财务费用——固定性销售费用 1 000 　贷：相关账户 35 000
结清损益类账户余额	借：主营业务收入 100 000 　贷：本年利润 100 000 借：本年利润 75 000 　贷：存货中的固定性制造费用 10 000 　　主营业务成本 30 000 　管理费用——变动性管理费用 10 000 　管理费用——固定性管理费用 2 000 　销售费用——变动性销售费用 20 000 　销售费用——固定性销售费用 2 000 　财务费用——固定性销售费用 1 000

运用变动成本法编制利润表如下表所示：

项目	金额
销售收入	100 000
变动成本： 　直接材料（10 元/件） 　直接人工（10 元/件） 　变动性制造费用（10 元/件） 　变动性期间费用（30 元/件） 　合计	 10 000 10 000 10 000 30 000 60 000

（续上表）

项目	金额
贡献毛益	40 000
固定性费用：	
固定性制造费用	10 000
固定性期间费用	5 000
期间费用合计	15 000
利润	25 000

期末库存商品的价值为：30 元/件 ×1 000 件 =30 000 元。

（2）运用完全成本法，西北公司上述经济业务的必要会计分录如下表所示：

交易事项	会计分录
发生直接材料费用	借：生产成本　20 000 　贷：原材料　20 000
发生直接人工费用	借：生产成本　20 000 　贷：应付职工薪酬　20 000
发生制造费用	借：制造费用　30 000 　贷：相关账户　30 000 借：生产成本　30 000 　贷：制造费用　30 000
结转完工产品成本	借：库存商品　70 000 　贷：生产成本　70 000
取得销售收入	借：应收账款　100 000 　贷：主营业务收入　100 000 借：主营业务成本　35 000 　贷：库存商品　35 000

（续上表）

交易事项	会计分录
发生期间费用	借：管理费用——变动性管理费用　10 000 管理费用——固定性管理费用　2 000 销售费用——变动性销售费用　20 000 销售费用——固定性销售费用　2 000 财务费用——固定性销售费用　1 000 贷：相关账户　35 000
结清损益类账户余额	借：主营业务收入　100 000 贷：本年利润　100 000 借：本年利润　70 000 贷：主营业务成本　35 000 管理费用——变动性管理费用　10 000 管理费用——固定性管理费用　2 000 销售费用——变动性销售费用　20 000 销售费用——固定性销售费用　2 000 财务费用——固定性销售费用　1 000

运用完全成本法编制利润表如下表所示：

项目	金额
销售收入	100 000
销售成本（35 元/件）	
直接材料（10 元/件）	10 000
直接人工（10 元/件）	10 000
制造费用（15 元/件）	15 000
合计	35 000
销售毛利	65 000
期间费用：	
管理费用	12 000
销售费用	22 000
财务费用	1 000
合计	35 000
利润	30 000

期末库存商品的价值为35元/件×1 000件=35 000元。

（3）期末将变动成本法转化为完全成本法，西北公司做如下会计分录：

借：库存商品　　　　　　　5 000

借：主营业务成本　　　　　5 000

　贷：存货中的固定性制造费用　10 000

这样，期末库存商品的价值，便从变动成本法的30 000元转化为完全成本法的35 000元，主营业务成本便从变动成本法的30 000元转化为完全成本法的35 000元，利润也就自然从变动成本法的25 000元转化为完全成本法的30 000元。于是，变动成本法便转换为完全成本法。

五、简答题

1. 何谓变动成本法？

所谓变动成本法是指以成本性态为基础，将成本分为变动成本与固定成本，将变动生产成本作为产品或服务成本的构成内容，将固定性生产成本与固定性非生产成本一起作为期间费用的一种成本计算方法。

2. 变动成本法与完全成本法的主要区别表现在哪些方面？

变动成本法与完全成本法的主要区别表现在：①应用的前提条件不同；②产品成本及期间成本的构成内容不同；③销货成本及存货成本水平不同；④常用的销货成本计算公式不同；⑤损益确定程序不同；⑥所提供信息的用途不同。

3. 如何编制以变动成本法为基础和以完全成本法为基础的利润表？

以完全成本法为基础的利润表将企业的成本按照管理职能分类，分为制造成本与非制造成本，再用销售收入减去销售成本获得销售毛利这个中间性利润指标，以反映企业生产销售职能或主营业务职能活动的盈利能力。然后，再用主营业务职能所创造的销售毛利减去其他职能活动的成本（管理费用、销售费用和财务费用），得到企业的税前利润。

以变动成本法为基础的利润表按照成本性态分类，首先用产品销售收入减去产品变动成本和变动性管理费用、销售费用、财务费用等，得出“贡献毛益”这个中间性利润指标，以反映企业产品盈利能力以及企业经营管理活动的短期盈利能力，并将固定成本（包括固定性制造费用、固定性管理费用、固定性销售费用、固定性财务费用）作为期间费用，计算最终的税前利润。

4. 如何评价变动成本法？

变动成本法的优点：

（1）变动成本法能够揭示利润和业务量之间的正常关系，有利于促使企业重视销售工作。

（2）变动成本法可以提供有用的成本信息，便于科学地成本分析和成本控制。

（3）变动成本法提供的成本、收益资料，便于企业进行短期经营决策。

（4）采用变动成本法简化了成本核算工作。

变动成本法的缺点：

（1）变动成本法所计算出来的单位产品成本，不符合传统成本观念和纳税要求。

（2）变动成本法不能适应长期决策的需要。

5. 为什么说“变动成本法是改善经营管理、提高经济效益的重要工具”？

（1）变动成本法提供有利于企业管理层预测、决策、规划、控制和评价方面的信息。变动成本法以成本性态为基础，将企业的成本分为变动成本与固定成本，将与产品产量成正比的变动性制造成本作为产品成本，将固定性制造费用作为期间费用。这样便于经理人从成本性态上掌握成本与业务量之间的关系，便于经理人进行成本预测、规划与控制。同时，用产品销售收入减去变动成本计算产品的贡献毛益，反映了既定生产能力的产品盈利能力，便于经理人分析企业产品盈利能力和短期经营决策如接受追加订货、亏损产品应否停产、产品最优售价、最优生产批量等决策分析。

（2）采用变动成本法，可以避免企业通过盲目生产操纵利润。基于变动成本法，将固定性制造费用全部作为期间费用，排除了产量高低对单位产品成本的影响。企业的盈利只受销售量影响，不受生产量影响。这有助于防止企业通过盲目生产操纵经营利润。

6. 采用变动成本法时，如何兼顾对外编制财务报告的需要？

以对外报告为目的的财务会计需要采用完全成本法，以对内报告为目的的管理会计需要采用变动成本法。这就需要企业会计系统能够同时满足财务会计与管理会计对产品成本信息的不同需求。解决这个问题的办法包括以下几个方面的措施：

（1）将“制造费用”分设为“变动性制造费用”和“固定性制造费用”两个账户。同时设立“存货中的固定性制造费用”账户。

（2）日常的产品成本核算采用变动成本法，将产品生产过程发生的直接材料、直接人工和变动性制造费用计入“生产成本”账户，将本期发生的固定性制造费用汇集至“固定性制造费用”账户。

（3）期末，将完工产品成本从“生产成本”账户结转至“库存商品”账户，将本期发生的固定性制造费用从“固定性制造费用”账户结转至“存货中的固定性制造费用”账户。

（4）期末，将“存货中的固定性制造费用”账户属于本期已销售产品负担的部分转入“产品销售成本”账户，最终列入当期利润表。“存货中的固定性制造费用”账户的期末余额由本期在产品与产成品承担，在编制“资产负债表”时，将其列入存货项目。

通过上述措施，使得利润表的“产品销售成本”或“主营业务成本”，以及资产负债表的在产品、产成品存货成本都是按完全成本列示，符合公认会计原则的要求。同时，在企业的“生产成本”和“库存商品”账户中，产品成本又是按照变动成本列示，管理会计师可以直接从中获得变动成本信息。

采用上述处理方法之后，企业会计系统既能够提供企业内部管理需要的成本数据，又能够按照公认会计原则对外提供财务报表。财务会计与管理会计的需求得到了有机的统一。

7. 结合绩效评价，分析采用变动成本法与完全成本法对经理人的行为的影响。

基于完全成本法，销售利润一方面受到销售量的影响，另一方面受到生产量的影响。完全成本法的这个特点可以鼓励企业尽可能扩大产量，以获得规模经济。但规模经济的取得必须建立在销售量基础上。企业在销售量规模没有扩大的情况下，盲目扩大生产量，就会导致产品的积压和贬值，企业的最终利润受到损害。企业可能会利用完全成本法的这个特点，通过提高生产量来“创造”利润，追求短期绩效。

与完全成本法不同，变动成本法鼓励企业“以销定产”，遵循市场经济的基本规律。

六、案例分析

1. 分别采用完全成本法与变动成本法编制五连公司 2001 年度利润表

如下表所示（单位：元）：

完全成本法		变动成本法	
项目	金额	项目	金额
销售收入	30 000 000	销售收入	30 000 000
减：销售成本 变动成本 固定性制造费用 合计	 10 000 000 8 000 000 18 000 000	减：变动成本	10 000 000
销售毛利	12 000 000	贡献毛益	20 000 000
减：销售及行政管理费用	5 000 000	减：固定性制造费用	24 000 000
税前利润	7 000 000	减：固定性销售及管理费用	5 000 000
		税前利润	-9 000 000

该公司2001年度7 000 000元的税前利润系采用完全成本法计算出来的结果。

2. 赵诩这种做法不合理。其获得报酬的依据是根据完全成本法计算的税前利润。企业组织内部的绩效评价不宜以完全成本法计算的税前利润为基础，而应该以变动成本法计算的税前利润为基础。

第三篇　经营管理决策

第五章　本量利分析

一、单项选择题

1. B　2. B　3. B

二、多项选择题

1. CD　2. BCD　3. ABCD　4. BCD　5. ABCD　6. ABC　7. ABCD　8. ABC　9. ABCD　10. ABCD

三、判断题

1. √ 2. √ 3. × 4. × 5. × 6. × 7. × 8. × 9. × 10. ×

四、计算题

1.

项目	序号			
	（1）	（2）	（3）	（4）
销售额	1 600 000	800 000	1 300 000	1 100 000
变动成本	400 000	650 000	500 000	220 000
贡献毛益总额	1 200 000	150 000	800 000	880 000
固定成本与费用	300 000	150 000	400 000	480 000
税前利润	900 000	0	400 000	400 000
盈亏临界点销售额	400 000	800 000	650 000	600 000

2. （1）每个背包的变动成本为 $50+40=90$ 元

该公司的固定成本为 $4\ 000\ 000+2\ 000\ 000=6\ 000\ 000$ 元

设盈亏临界点的销量为 Q，那么：

$200Q-90Q-6\ 000\ 000=0$

解得：$Q\approx 54\ 546$ 只

（2）假设销售 Q 只包能达到 10 000 000 元的利润，那么：

$200Q-90Q-6\ 000\ 000=10\ 000\ 000$

解得：$Q\approx 145\ 455$ 只

（3）发生题中所述的情况后：

每只背包的变动成本为 $50+40\times(1+20\%)=98$ 元

该公司的固定成本为：$4\ 000\ 000+3\ 000\ 000=7\ 000\ 000$ 元

销售 Q 只包能达到 10 000 000 元的利润，那么：

$200Q-98Q-7\ 000\ 000=10\ 000\ 000$

解得：$Q\approx 166\ 667$ 只

3. (1)

项目	销售量	单价	单位变动成本	销售额	单位贡献毛益	贡献毛益率	固定成本
A	60	2 000	1 600	120 000	400	20%	—
B	30	500	300	15 000	200	40%	—
C	65	1 000	700	65 000	300	30%	—
合计	—	—	—	200 000	—	—	19 800

A、B、C 产品的销售比重分别为 60%、7.5% 和 32.5%。

加权平均贡献毛益率 = 60% × 20% + 7.5% × 40% + 32.5% × 30%
= 24.75%

综合盈亏临界点销售额 = 19 800/24.75% = 80 000 元

A 产品的盈亏临界点销售量 = 80 000 × 60%/2 000 = 24 件

B 产品的盈亏临界点销售量 = 80 000 × 7.5%/500 = 12 件

C 产品的临界点销售量 = 80 000 × 32.5%/1 000 = 26 件

(2) 税前利润 = (2 000 − 1 600) × 60 + (500 − 300) × 30 + (1 000 − 700) × 65 − 19 800
= 29 700 元

4. (1) 全部产品的销售额 = 30 000 × 5 + 40 000 × 2.50 = 250 000 元

A 产品的销售比重 = 150 000/250 000 = 60%

B 产品的销售比重 = 100 000/250 000 = 40%

加权平均贡献毛益率 = 40% × 60% + 30% × 40% = 24% + 12% = 36%

加权平均盈亏临界点销售额 = 72 000/36% = 200 000 元

(2) A 产品的盈亏临界点销售量 = 200 000 × 60%/5 = 24 000 件

B 产品的盈亏临界点销售量 = 200 000 × 40%/2.50 = 32 000 件

(3) 安全边际额 = 250 000 − 200 000 = 50 000 元

(4) 本月预计税前利润 = 30 000 × 5 × 40% + 40 000 × 2.50 × 30% − 72 000 = 18 000 元

五、简答题

1. 何谓本量利分析? 通常本量利分析有哪些假设?

本量利分析是指对分析成本、业务量和利润三者之间依存关系所做的分析。

本量利分析的基本假设：①企业只生产一种产品；②在业务量相关范围内，产品或服务的价格保持不变；③在业务量相关范围内，总成本与业务量之间呈线性关系。

2. 何谓盈亏临界点？盈亏临界点有哪些表现形式？

盈亏临界点，又称保本点，指企业销售收入恰好抵补全部成本（固定成本和变动成本），企业的利润等于零的销售量（额）。

盈亏临界点的表现形式：①盈亏临界点销售量；②盈亏临界点销售额；③盈亏临界点作业率。

3. 写出确定盈亏临界点销售量和盈亏临界点销售额的公式。

盈亏临界点销售量 = 固定成本/单位贡献毛益

盈亏临界点销售额 = 盈亏临界点销售量 × 单价 = 固定成本/贡献毛益率

4. 盈亏临界图有哪几种图式？试举例说明其绘制方法。

盈亏临界图有本量利式和利量式等形式。

5. 何谓贡献毛益？它与利润有何区别？

贡献毛益是指产品销售收入总额与变动成本总额之间的差额。

贡献毛益 = 固定成本 + 利润

6. 何谓安全边际？何谓安全边际率？计算这两项指标有何作用？

安全边际指现有（或预计）销售量（额）超过盈亏临界点销售量（额）的部分。

安全边际率指安全边际量（额）占现有或预计的销售量（额）的百分比。

安全边际指标的作用主要包括：①安全边际反映企业经营的安全程度；②安全边际反映企业的获利水平。

7. 何谓经营杠杆？何谓经营杠杆率？计算经营杠杆率指标有何作用？

由于业务量较小幅度的变动所引起的利润较大幅度变动的现象，称为经营杠杆现象。

经营杠杆系数 = 经营利润变化率/业务量变化率

计算经营杠杆率指标的作用：①发挥经营杠杆正向作用，执行趋利避害决策；②利用经营杠杆系数可以预测利润。

8. 如何计算多品种的盈亏临界点？举例说明其计算方法。

对于生产的多种产品企业来说，盈亏临界点的计算有两种方法：①可以将固定成本分摊到各种产品，再分别计算每种产品的盈亏临界点；②如果各种产品之间产销结构相对稳定，就可以采用加权平均贡献毛益率法计算每种产品的盈亏临界点，所谓加权平均贡献毛益率法，指先根据各种产品的贡献毛益计算加权平均贡献毛益率，然后再据以计算综合盈亏临界点销售额和各种产品盈亏临界点的方法。

9. 为什么说安全边际中的贡献毛益就是企业利润？

安全边际指现有（或预计）销售量（额）超过盈亏临界点销售量（额）的部分。盈亏临界点销售量所创造的销售收入，在弥补自身变动成本之后，形成企业的贡献毛益正好能够弥补固定成本。超过盈亏临界点的销售量所创造的贡献毛益在弥补自身变动成本之后，不需要弥补固定成本，直接形成企业的税前利润。

10. 在销售量既定的情况下，盈亏临界点高低由什么因素决定？

在销售量既定的情况下，盈亏临界点高低由固定成本、销售价格、单位变动成本等因素决定。

11. 企业的经营杠杆是不是越大越好？企业使用的经营杠杆受到什么影响？

业务量的波动最终会导致企业经营利润的波动。对企业来说，业务量的波动是一种经营风险。但是，经营杠杆的存在加剧了经营利润的波动，这无疑加剧了企业的经营风险。因此，经营杠杆并不是越大越好。从经营杠杆系数的影响因素可以看到，产品的销售价格、销售量、变动成本和固定成本都会影响经营杠杆系数的大小。

12. 企业应如何正确利用经营杠杆？

（1）发挥经营杠杆正向作用，执行趋利避害决策。经营杠杆是一把“双刃剑”。当业务量下降时，由于经营杠杆的存在，会导致经营利润大幅下降。因此，在未来业务量趋于下降的情况下，企业应设法降低经营杠杆系数。比如从经营杠杆系数影响因素的角度考虑，尽可能采用降低固定成本、减少投资、降低变动成本、提高单价水平等措施从而避免利润大幅度的下降。相反，当业务量上升时，由于经营杠杆的存在会导致利润更大的上升。这意味着，在固定成本与经营杠杆系数一定的情况下，企业应尽可能提高业务量，发挥经营杠杆正向作用，取得规模经济效应。

（2）利用经营杠杆系数预测利润。经营杠杆系数可以衡量企业业务量变化与利润变化之间的数量关系。利用经营杠杆系数，经理人只需要知道产销量的变动情况，不必编制详细的利润表，便可以推算其利润的变化情况，并据此预测计划期的利润。

六、案例分析

尽管A、B两家公司在销售收入2 000万元的水平上，成本总额（都是1 700万元）和经营利润（都是300万元）都相等，但是，两家公司的成本结构不同。A公司的固定成本为700万元，变动成本为1 000万元，B公司的固定成本为200万元，变动成本为1 500万元。

A公司的贡献毛益率＝（2 000－1 000）/2 000＝50%

A公司的盈亏临界点销售额＝700/50%＝1 400万元

B公司的贡献毛益率＝（2 000－1 500）/2 000＝25%

B公司的盈亏临界点销售额＝200/25%＝800万元

由此可见，A公司的经营风险高于B公司。

根据企业组织的资产负债表，融资包括股权融资和债务融资。

如果A、B两家公司提出的是债务融资意向，应该选择B公司。因为B公司的经营风险较低。尽管“高风险，高利润”，但是投资者（债权人）只能获得契约规定的收益率（利率）。投资者（债权人）承担了“高风险”，却不能获得“高利润”。

如果A、B两家公司提出的是股权融资意向，那么，选择哪家公司取决于你（财务经理）的风险态度。如果你是一个较为激进的人，喜欢风险，可以选择A公司；如果你是一个较为保守的人，厌恶风险，可以选择B公司。

第六章　短期经营决策

一、单项选择题

1. C　2. D　3. B　4. B　5. C

二、多项选择题

1. ABC　2. BD　3. ABC　4. BC　5. BCD

三、判断题

1. √　2. ×　3. ×　4. √　5. ×　6. ×　7. √

四、计算题

1. (1) 由于该公司是利用自己的剩余生产能力进行自制生产，所以固定性制造费用不属于决策相关成本。如果自制，剩余的生产能力可以出租，租金收入是机会成本。自制和外购的决策分析计算表如下(单位：元)：

项目	自制相关成本	外购相关成本
买价		2 400 000
直接材料	28 ×40 000 = 1 120 000	
直接人工	14 ×40 000 = 560 000	
变动制造费用	10 ×4 000 = 400 000	
生产准备和设计成本	10 000	
机会成本	200 000	
合计	2 290 000	2 400 000

根据以上分析结果，自制的相关成本为2 290 000元小于外购的相关成本为2 400 000元，故选择自制。(也可以计算差别成本，自制的相关成本－外购的相关成本＝－110 000元，应该选择自制)

(2) 华强公司在决定是否外购的过程中，应考虑该公司的发展战略和经营策略如价值链应否向前移，还应该考虑供应商的可靠性和质量保证、交货的及时性，否则，可能影响该公司产品的质量或停工待料影响正常生产。

2. (1) 立即出售和再加工的决策分析表如下：

项目	立即出售成本	再加工的成本
销售收入	2 ×400 000 = 800 000	
减：变动成本	1. 6 ×400 000 = 640 000	
贡献毛益	160 000	

（续上表）

项目	立即出售成本	再加工的成本
销售收入		18 × 100 000 = 1 800 000
减：直接材料		850 000
其中：清洁粉		2 × 400 000 = 800 000
配料		0. 5 × 100 000 = 50 000
变动制造费用		2 × 100 000 = 200 000
直接人工		3 × 100 000 = 300 000
新增固定成本		60 000
销售费用		1 × 100 000 = 100 000
贡献毛益		290 000

从计算结果来看，应该生产该种清洁剂，它可以给该公司带来 240 000 元的贡献毛益，比立即出售多了 130 000 元。

（2）该公司不仅应该考虑公司的战略定位以及该公司与经销商之间的战略利害关系，还应该考虑扩展业务带来的技术管理等方面的影响因素，以及市场容量和顾客群体的偏好。如果考虑这些因素，该公司的决策就不应该仅仅从经济结果考虑，更应该注重战略因素。

3. （1）接受特种订货的相关分析如下表所示：

项目	金额
销售收入	10 000 × 8 = 80 000
减：直接材料（机会成本）（3. 2 元/公斤是沉没成本）	3 × 0. 8 × 10 000 = 24 000
直接人工	2 × 10 000 = 20 000
变动性制造费用	2 × 10 000 = 20 000
贡献毛益	16 000

应该接受该特种订货。因为该订货可以给公司带来利润。

（2）除了考虑财务因素，还应该考虑该公司的竞争优势。为了不损害自身的形象，还应该考虑采取相关成本定价给行业以及该公司以后的发展所带来的负面影响等。

4.（1）每个季度的成本比较（停产普通话机自制成本对录音话机销售不影响的情况）如下表所示：

项目	租用设备自制成本	停产普通话机自制成本（对录音话机销售不影响的情况）
租用设备自制成本		
租金支付	250 000	
直接材料	20 ×2 000 =40 000	
直接人工	30 ×2 000 =60 000	
变动性制造费用	20 ×2 000 =40 000	
追加固定性生产管理成本	50 000	
合计	440 000	
停产普通话机自制成本		
直接材料		20 ×2 000 =40 000
直接人工		30 ×2 000 =60 000
变动性制造费用		20 ×2 000 =40 000
机会成本		（40 000）
合计		100 000

从上表可以看出，方案二比方案一节约 340 000 元，因此，应该选择方案二。

（2）停产普通话机自制成本使录音话机销售下降 10% 的情况如下表所示：

项目	租用设备自制成本	停产普通话机自制成本（录音话机销售下降 10% 的情况）
租用设备自制成本		
租金支付	250 000	
直接材料	20 ×2 000 =40 000	
直接人工	30 ×2 000 =60 000	

（续上表）

项目	租用设备自制成本	停产普通话机自制成本（录音话机销售下降10%的情况）
变动性制造费用	20×2 000＝40 000	
追加固定性生产管理成本	50 000	
合计	440 000	
停产普通话机自制成本		
直接材料		20×2 000＝40 000
直接人工		30×2 000＝60 000
变动性制造费用		20×2 000＝40 000
机会成本		（－40 000）＋（1 500 000－800 000）×10%＝30 000
合计		170 000

虽然方案二影响了录音话机的销售量，致使方案二的成本上升了70 000元，但成本总额还是低于方案一，因此还是应该选择方案二。

5.（1）经济订货批量 $Q=\sqrt{2\times30\ 000\times60/0.3}=3\ 464.10$ 公斤≈3 000公斤

（2）每年最佳订货次数、存货相关总成本、最佳订货周期和经济订货批量占用资金计算如下：

每年最佳订货次数 $N=30\ 000/3\ 000=10$ 次

存货相关总成本 $TC（Q）=\sqrt{2\times30\ 000\times60\times0.3}=1\ 039.23$ 元

最佳订货周期 $T=12/10=1.20$ 个月

经济订货批量占用资金 $I=100\times3\ 000/2=150\ 000$ 元

（3）经济订货批量基本模型（EOQ）隐含的基本逻辑是：存货是必要的，在这个基础上控制其相关成本，使其相关成本总额最小。

6. 榨汁机或搅拌机的生产都是利用现有的生产能力，固定性制造费用属于无关成本。选择生产何种产品的分析计算如下表所示：

项目	榨汁机	搅拌机
单价	90	135
直接材料（元/件）	30	40
直接人工（元/件）	20	25
变动性制造费用（元/件）	20	40
单位产品贡献毛益（元/件）	20	30
单位工时贡献毛益（元/工时）	20/1 = 20	30/2 = 15

根据计算结果，榨汁机每工时的贡献毛益（或贡献毛益总额）大于搅拌机，所以该公司应该选择生产榨汁机。

五、简答题

1. 简述决策制定过程的基本步骤。

决策制定过程的基本步骤包括：①明确决策问题；②明确各种可供选择的方案；③确定决策的价值标准；④相关成本分析；⑤选择和实施最满意的决策方案；⑥评价和跟踪决策方案效果。

2. 简述决策的类型。

决策可以按不同标志分类：①按决策所涉及的时间与内容分类，可分为短期经营决策和长期投资决策；②按决策所处的条件，可分为确定型决策、不确定型决策和风险型决策。

3. 如何进行盈利能力分析？

盈利能力的基本指标是产品贡献毛益或利润。企业部门经理在短期生产经营决策过程中，经常要考察产品、服务或顾客的盈利能力，以便进行有关产品、服务或顾客的选择、组合、停产、增产、外购等一系列决策。在短期经营决策或生产能力成本相同的情况下，比较产品单位资源贡献毛益或贡献毛益总额就能够反映产品盈利能力的大小。在长期决策或者生产能力成本不同的情况下，则需要通过比较产品的利润才能了解各种产品盈利能力的大小。

4. 如何进行亏损产品停产决策？

从常识的角度看，一般认为在财务上亏损的产品都应该停产。但是，从相关成本与盈利能力分析的角度看，财务上亏损的产品又分为实亏和虚亏两种情况。所谓实亏，是指亏损产品的销售收入低于其相关成本，其盈利能力指标为负数。这种亏损产品，如果没有战略考虑，一般都应停产。所谓虚亏，是指亏损产品的销售收入高于其相关成本，其盈利能力指标为正数。这种产品出现财务上亏损的原因是财务上的盈利计算与决策上的盈利能力分析方式不同。在财务上计算产品的财务效益时，是用其全部收入减去其全部成本。从短期经营决策的角度来看，全部成本存在一些与决策无关的成本。因此，在评价产品的盈利能力时，需要用产品相关的收入减去其相关成本。这样就有可能出现在财务效益上亏损的产品，其决策相关的盈利能力反而为正的情况。

5. 如何进行特殊订货决策？

只要其贡献毛益大于零，就可以接受。

6. 如何进行自制或外购决策？

有些零部件企业可以自己制造，也可以从外部购买，在这种情况下，就面临着自制与外购的决策选择问题。无论是自制还是外购，考虑的都是存货取得方式的问题。在决策过程中，需要比较的是自制存货与外购存货的成本。

7. 如何进行立即出售与继续加工决策？

从战略的角度来看，立即出售与继续加工决策是一个涉及企业价值链是否应该向下游延伸的问题。在这种情况下，继续加工可以增加产品的性能，提高产品对顾客的价值。是否继续加工，不仅取决于继续加工的相关成本与盈利能力分析，而且取决于企业在价值链上的战略定位。

8. 如何进行生产工艺水平决策？

生产工艺技术不同，其成本结构也不同。一般来说，采用先进的工艺技术，需要的直接人工成本比较低，产品的材料消耗水平也比较低，因而单位变动成本比较低。但是，先进的工艺技术一般需要昂贵的机器设备，因而固定成本较高。相反，落后的工艺设备可能需要的直接人工成本比较高，材料消耗水平比较高，因而单位变动成本也比较高。但是设备价值低，固定性制造费用低。究竟选择什么样水平的工艺设备，取决于企业的产销量规模。如果产销量比较大，可以降低单位产品的固定成本，那么采用较为先进的设备。否则，就应该采用较为落后的设备。

9. 如何进行存货决策？

首先识别存货的相关成本，在此基础上，计算使存货相关成本最小的订货批量。

六、案例分析

如果采用第一个方案：停产红豆雪糕，香芋雪糕的销售数量因此比上一年度减少30%。其盈利情况如下表所示（单位：元）：

项目	香芋雪糕	红豆雪糕	合计
销售收入	500 000×（1－30%）=350 000		350 000
减：变动成本	300 000×（1－30%）=210 000		210 000
贡献毛益	140 000		140 000
减：固定成本	100 000	100 000	200 000
税前利润	40 000	－100 000	－60 000

如果采用第二个方案：红豆雪糕涨价10%，红豆雪糕的销售数量将会比上一年度减少20%。同时，由于红豆雪糕涨价导致一部分经销商的流失，由此会导致香芋雪糕的销售量可能减少10%。其盈利情况如下表所示（单位：元）：

项目	香芋雪糕	红豆雪糕	合计
销售收入	500 000×（1－10%）=450 000	500 000×（1＋10%）×（1－20%）=440 000	890 000
减：变动成本	300 000×（1－10%）=270 000	300 000×（1－20%）×（1＋80%）=432 000	702 000
贡献毛益	180 000	8 000	188 000
减：固定成本	100 000	100 000	200 000
税前利润	80 000	－92 000	－12 000

如果采用第三个方案：公司不涨价，两个产品可以取得与去年同样的销售数量。其盈利情况如下表所示（单位：元）：

项目	香芋雪糕	红豆雪糕	合计
销售收入	500 000	500 000	1 000 000
减：变动成本	300 000	300 000 ×（1 + 80%）= 540 000	840 000
贡献毛益	200 000	−40 000	160 000
减：固定成本	100 000	100 000	200 000
税前利润	100 000	−140 000	−40 000

综合上述，羊城冷冻食品公司应该采用第二个方案。

第七章　生产性资产投资决策

一、单项选择题

1. D　2. C　3. B　4. A　5. D　6. A　7. B　8. D　9. A　10. C　11. D　12. B　13. B　14. B

二、多项选择题

1. ABC　2. ABC　3. ACD　4. BC　5. ABCD　6. BC　7. AD　8. AC　9. CD　10. ABCD　11. ABC　12. ABCD　13. ACD

三、判断题

1. ×　2. ×　3. ×　4. √　5. ×　6. ×　7. √　8. √　9. ×　10. ×　11. ×

四、计算题

1. 到 1996 年，这 24 美元相当于：$24 \times (1+10\%)^{370} = 4.96 \times 10^{16}$，即 4.96 亿亿美元。

这笔巨款也许可以买下世界上的任何东西。因此，生产性资产投资决策涉及的时间较长，货币时间价值是一个不可忽视的因素。

2. （1）分别计算甲、乙、丙三个投资项目的静态投资回收期：

五、简答题

1. 简述生产性资产投资的财务与战略意义。

（1）生产性资产投资的财务意义。生产性资产投资本身意味着大量的现金流出量。在投资项目寿命周期内，这部分资金将会被占用在投资项目上。成功的生产性资产投资项目在投资项目持续期间内会给企业带来现金流入量，或者节约现金流出量。在弥补投资项目现金流出量的基础上，给企业带来正值的净现金流量，为企业带来投资收益。失败的投资项目不能带来足够的现金流入量或节约现金流出量，进而导致大量资金沉淀在投资项目上，无法收回。资金沉淀、投资项目无法变现可能造成企业资金链的断裂，对企业的可持续发展产生负面影响。相对于日常经营活动来说，生产性资产投资项目对企业的成败得失影响更大。

（2）生产性资产投资的战略意义。任何一个企业的资源都是有限的，企业必须有效地利用这些有限的资源，保证企业的长期获利能力。生产性资产投资与企业战略之间存在共生互动的关系：生产性资产投资服从于企业的竞争战略与竞争优势；以生产性资产投资为契机重新塑造企业的竞争战略与竞争优势。

2. 何谓货币时间价值？为什么在投资决策中要考虑货币时间价值？

货币时间价值就是指货币投入再生产过程中，随时间推移所能获得的增值。货币作为一种稀缺的资源，投入到再生产过程中，随着时间的推移，具有潜在增值的属性。货币具有时间价值意味着在比较货币价值大小的时候，不仅要比较货币数量的大小与差别，还要比较货币在时间分布上的差异。

3. 复利和年金计算的联系与区别在哪里？

年金指每隔相同的时间收到（或支出）等额的款项。以年金终值为例，年金终值就是将各年发生的年金统一折算至最后一期期末的价值，实际上是各期年金复利终值之和。

4. 何谓现金流入量？何谓现金流出量？何谓净现金流量？

一个投资项目的现金流入量主要包括：营业收入、项目结束或转让时预期的变现价值、收回营运资金。

一个投资项目的现金流出量主要包括：项目投资、经营成本、所得税、垫付营运资金。

净现金流量是现金流入量与现金流出量之间的差额。

5. 简述生产性资产投资决策程序。

生产性资产投资决策程序包括：①投资项目的识别与界定；②投资项目的评价与选择；③投资项目的跟踪与事后审计。

6. 简述投资回收期法基本原理。

回收期法以投资项目回收期作为评价指标。投资项目回收期指收回投资项目的全部投资所需的时间。回收期越短，投资收回的速度越快，投资项目的风险就越小。回收期的长短是衡量投资项目优劣和项目投资决策可行与否的标准之一。企业根据投资项目预计的投资和收益情况计算投资回收期，然后再与回收期标准或目标比较，决定投资方案的取舍。

7. 简述会计收益率法基本原理。

会计收益率法以会计收益率作为评价指标。会计收益率是指一个投资方案的年平均净收益与原始投资成本之比。会计收益率以会计的净收益与成本数据之比为基础，近似地反映资本投资项目的投资回报率，可以作为投资项目选择一个粗略的标准。

8. 简述现值指数法基本原理。

现值指数法以现值指数作为评价指标。现值指数指现金流入量现值与现金流出量现值的比率，也称现值比率、获利指数等。现值指数大于 1，说明投资项目获得的现金流量收益大于现金流量成本，该投资项目的投资报酬率大于最低报酬率，投资项目在经济上可行。

9. 简述净现值法基本原理。

净现值法以净现值作为评价指标。净现值指各个投资项目预计未来各期现金流入量现值与现金流出量现值之差。净现值为正数，说明该投资项目获得的现金流量收益大于现金流量成本，该投资项目的投资报酬率大于最低报酬率，该投资项目可行。

10. 简述内含报酬率法基本原理。

内含报酬率法以内含报酬率法作为评价指标。当净现值等于零时，投资项目的投资报酬率就是净现值计算过程中设定的最低报酬率（贴现率）。因此，内含报酬率是指使得投资项目现金流入量现值之和与现金流出量现值之和相等的贴现率，或者说是使得投资项目净现值等于零的报酬率。企业在生产性资产投资决策过程中，利用所计算的内含报酬率与投资项目事先设定的最低报酬率（比如投资项目的资本成本率）比较。如果内含报酬率大于事先设定的最低报酬率，则投资项目在财务上可行。如果小于最低报酬率水平，则投资项目在财务上不可行。

11. 内含报酬率就一定是投资项目的实际报酬率吗？

净现值、内含报酬率和现值指数计算过程都采用复利形式计算终值和现值。而复利计算本身隐含了一个基本假设：前期的投资收益能够作为本金再投资，且能够获得与本金相同的报酬率。在实际工作中，投资项目的前期投资收益不一定用于再投资，既使用于再投资，也不一定获得与本金一样的报酬率。因此，净现值不一定就是投资项目最终获得的净现金流量，内含报酬率不一定就是投资项目最终的实际报酬率。

12. 净现值法与内含报酬率法有什么联系？

内含报酬率是指使得投资项目现金流入量现值之和与现金流出量现值之和相等的贴现率，或者说是使得投资项目净现值等于零的报酬率。内含报酬率测算了投资项目的投资报酬率情况，克服了净现值法和现值指数法不能反映投资项目本身投资报酬率的局限。

13. 如果生产性资产投资决策基于权责发生制的利润为基础，而不是以现金流量为基础，会出现什么后果，对企业有何影响？

因为货币具有时间价值，不同时点的现金流量不仅具有数量价值上的差别，而且还具有时间价值上的差别。衡量一个生产性资产投资项目的效益大小，不仅需要比较投资项目现金流出量与现金流入量的数量差异，而且还要比较现金流出量与现金流入量的时间差异。某一时点的收入、成本和利润并非是企业已经收到或支出的现金，在短期内可以不考虑它们所对应的货币时间价值，因此可以用来作为短期经营决策效益衡量指标。但是长期内，如果以尚未实际收到或支付现金的收入、成本或利润作为效益衡量指标，无法比较现金流出量和现金流入量在时间上的价值差异，也就不能用来作为长期投资项目的效益衡量指标，因此必须要建立以现金流量为基础的效益评价指标。

14. 简述差量分析法基本原理。

差量分析法是指对两个寿命周期相同的生产性资产投资项目，通过计算两个投资项目寿命周期内差额现金流量的内含报酬率或净现值，比较投资项目优劣的一种分析方法。

15. 简述等年值法基本原理。

差量分析法适用于有效期相同的新旧投资项目，但现实中，两者通常不同。这样，对旧投资项目是否应该更新就不宜采用上述差量分析法。因为两种投资项目的有效期不同，没有可以比较的差量基础。在这种情况下，宜采用等年值法。所谓等年值法就是将各年的现金流入量、现金流出量或净现值，按照预定的贴现率等额地分摊到各年所形成的年金值。根据“年金”的具体内容不同，等年值可以是等年现金流入量、等年现金流出量或等年净现值。

16. 生产性资产投资决策过程的临界值分析有何作用？

在生产性资产投资决策过程中，现金流量和投资项目的有效期都是预测值。由于主观预计的误差或客观情况的变化，未来的现金流量和有效期具有不确定性。根据现有的现金流量与有效期预测水平，决策者评价某个投资项目可能可行。但是考虑到预测的现金流量和有效期存在一定的不确定性，决策者就会进一步考虑，现金流量和有效周期至少是多少，原定投资项目才仍然可行。换句话说，决策者关心现金流量与有效期的下限临界值是多少。所谓现金流量与有效期的下限临界值，就是使投资项目的净现值等于零，或内含报酬率等于最低报酬率时的现金流量与有效期值。

六、案例分析

1. 两个方案的经营现金流量如下表所示（单位：元）：

	1	2	3	4	5
A 方案：					
销售收入（1）	15 000	15 000	15 000	15 000	15 000
付现成本（2）	5 000	5 000	5 000	5 000	5 000
折旧（3）	6 000	6 000	6 000	6 000	6 000
税前利润（4）=（1）－（2）－（3）	4 000	4 000	4 000	4 000	4 000
所得税（5）=（4）×25%	1 000	1 000	1 000	1 000	1 000
税后利润（6）=（4）－（5）	3 000	3 000	3 000	3 000	3 000
经营现金流量（7）=（3）+（6）	9 000	9 000	9 000	9 000	9 000
B 方案：					
销售收入（1）	17 000	17 000	17 000	17 000	17 000
付现成本（2）	6 000	6 300	6 600	6 900	7 200
折旧（3）	6 000	6 000	6 000	6 000	6 000
税前利润（4）=（1）－（2）－（3）	5 000	4 700	4 400	4 100	3 800
所得税（5）=（4）×25%	1 250	1 175	1 100	1 025	950

（续上表）

	1	2	3	4	5
税后利润（6）＝（4）－（5）	3 750	3 525	3 300	3 075	2 850
经营现金流量（7）＝（3）＋（6）	9 750	9 525	9 300	9 075	8 850

2. 两个方案的现金流量如下表所示（单位：元）：

	0	1	2	3	4	5
A 方案：						
固定资产投资	（30 000）					
经营现金流量		9 000	9 000	9 000	9 000	9 000
现金流量净额	（30 000）	9 000	9 000	9 000	9 000	9 000
B 方案：						
固定资产投资	（36 000）					
流动资金垫支	（3 000）					
经营现金流量		9 750	9 525	9 300	9 075	8 850
固定资产残值						6 000
收回垫支流动资金						3 000
现金流量净额	（39 000）	9 750	9 525	9 300	9 075	17 850

3. 两个方案的净现值计算如下：

A 方案净现值 =9 000 ×3. 971 −30 000 =35 739 −30 000 =5 739 元

B 方案净现值 =9 750 ×0. 909 +9 525 ×0. 826 +9 300 ×0. 751 +9 075 ×0. 683 +17 850 ×0. 621 −39 000 =40 997. 78 −39 000 =1 997. 78 元

4. 两个方案的现值指数计算如下：

A 方案现值指数 =9 000 ×3. 971/30 000 =1. 19

B 方案现值指数 =（9 750 ×0. 909 +9 525 ×0. 826 +9 300 ×0. 751 +9 075 ×0. 683 +17 850 ×0. 621）/39 000 =1. 05

5. 两个方案的内含报酬率计算如下：

A 方案内含报酬率的计算过程如下：

30 000 =9 000 ×（P/A，i，5），（P/A，i，5）=3. 333 3

i = 15%，(P/A,15%,5) = 3.3522，i = 16%，(P/A,16%,5) = 3.2743，

A 方案内含报酬率 = 15% + （15% - 14%） × （3.352 2 - 3.333 3）/（3.352 2 - 3.274 3） = 15.24%

B 方案内含报酬率的计算过程如下：

i = 11%，NPV = 886.11 元，i = 12%，NPV = -185.90 元

B 方案内含报酬率 = 11% + （12% - 11%） × 886.11/（886.11 + 185.90） = 11.83%

6. 两个方案的投资回收期计算如下：

A 方案投资回收期 = 30 000/9 000 = 3.33 年

B 方案投资回收期计算如下表（单位：元）：

年份	现金流量（单位：元）	累计现金流量（单位：元）
0	(39 000)	(39 000)
1	9 750	(29 250)
2	9 525	(19 725)
3	9 300	(10 425)
4	9 075	(1 350)
5	17 850	16 500

B 方案投资回收期 = 4 + 1 350/17 850 = 4.08 年

7. 两个方案的会计收益率计算如下：

A 方案会计收益率 = 3 000/30 000 = 10%

B 方案会计收益率 = [（3 750 + 3 525 + 3 300 + 3 075 + 2 850）/5] / 39 000 = 8.46%

8. A 方案的净现值、现值指数、内含报酬率、投资回收期和会计收益率都高于 B 方案。

9. 伟达公司应该采用 A 方案更新设备。

第四篇　管理控制系统

第八章　全面预算

一、单项选择题

1. D　2. B　3. B　4. A　5. D　6. B　7. A　8. D　9. A　10. D　11. B

二、多项选择题

1. AB　2. BCD　3. ABC　4. ABD　5. ACD　6. ABD　7. AD　8. ABD　9. AD　10. ABC　11. AB

三、判断题

1. √　2. ×　3. √　4. ×　5. √　6. ×　7. ×　8. √　9. ×　10. ×

四、计算题

1. 现金预算如下表所示（单位：元）：

月份	4	5	6
期初现金余额	7 000	6 200	6 180
经营现金收入	43 000	53 000	63 000
直接材料采购支出	33 000	39 000	45 000
直接工资支出	2 000	3 500	2 800
制造费用支出	3 000	3 500	3 200
其他付现费用	800	900	750
预交所得税	0	0	8 000
购置固定资产	15 000		
现金余缺	－3 800	12 300	9 430
向银行借款	10 000		
归还银行借款		－6 000	－3 000
支付借款利息		－120	－90
期末现金余额	6 200	6 180	6 340

2. （1）经营现金收入 =4 000 ×80% +50 000 ×50% =28 200 元

（2）经营现金支出 =8 000 ×70% +5 000 +8 400 +16 000 +900 =35 900元

（3）现金余缺 =8 000 +28 200 －（35 900 +10 000） =－9 700 元

（4）银行借款数额 =5 000 +10 000 =15 000 元

（5）现金月末余额 =15 000 －9 700 =5 300 元

3. （1）2009 年 1 月份销售现金流入量 =（150 ×40% +100 ×60%） ×（1 +17%） =140. 4 万元

2009 年 1 月份购买材料现金流出量 =（100 ×80% ×30% +200 ×80% ×70%） ×（1 +17%）
=159. 12 万元

（2）应收账款 =100 ×40% ×（1 +17%） =46. 8 万元

应付账款 =200 ×80% ×30% ×（1 +17%） =56. 16 万元

（3）2009 年 1 月份借款 =15. 5 万元

1 月末的现金余额 =15. 5 －12. 32 =3. 18 万元

（4）2009 年 2 月份还款本金 =4. 5 万元

2009 年 2 月份还款利息 =4. 5 ×2% =0. 09 万元

2 月末的现金余额 =7. 598 －4. 5 －0. 09 =3. 008 万元

五、简答题

1. 全面预算有何作用？

全面预算具有如下作用：①全面预算是完善企业治理的制度需要；②全面预算是实现企业战略意图和资源合理配置的有效手段；③全面预算是营运控制和绩效评估的有效手段。

2. 简述全面预算管理系统的构成。

企业全面预算管理系统包括：①预算管理机构；②预算编制管理；③预算控制管理；④预算评价管理。

3. 简述全面预算编制程序。

全面预算编制程序包括：①从市场到营业收入；②从营业收入到其他经营预算；③确定现金预算。

4. 预算的形式包括哪些？

预算的形式包括：①静态预算；②弹性预算；③滚动预算；④零基预算。

5. 预算管理的模式包括哪些？

预算管理的模式包括：①以目标利润为起点的预算管理模式；②以资本预算为起点的预算管理模式；③以销售为起点的预算管理模式；④以成本控制为起点的预算管理模式；⑤以现金流量为起点的预算管理模式。

六、案例分析

1. 全面预算既“有用”又“令人头痛”：全面预算理念很完美，全面预算编制有问题。全面预算使企业组织的日常管理程序化和制度化，它是企业组织管理控制系统的核心内容，也是被现代企业组织实践证明行之有效的管理工具。但是，由于信息不对称和利益不对称，全面预算编制过程难免存在“预算松弛”或所谓道德问题。人们一直在努力寻找尽量消除预算松弛的办法，但是难以如愿以偿。其实，预算目标体现为一系列资源配置和考核指标。只要存在资源配置和考核指标，人们就会围绕这些指标想方设法找出满足预算目标要求的对策。全面预算的编制过程就是利益的“博弈”过程。

2. “上有政策，下有对策”与企业组织的目标一致性未必矛盾。在一个非常现实的世界里，绝大多数人都有其追求的目标。现代企业组织的分权与授权通过企业组织的全面预算得以体现。在一个分权与授权的组织里，处于不同层级的人，其现实追求是不同的。“政策”的制定者与“对策”的实施者分别属于不同阶层。基层单位基于自身利益，在“政策”指导下，采用适当的“对策”也是在情理之中的。在一个变化的世界里，政策（战略）的制定与政策的实施（战术）毕竟是两回事。同一个政策面对企业组织各部门的具体环境存在多种不同的实施途径（对策）。如果只有“政策”而没有“因地制宜”的“对策”，那么，企业组织有老总，还要部门经理干吗？相反，如果企业组织只有“政策”，没有或不允许存在“对策”，那么，这种“政策”必定是僵化的。一个有效率的全面预算管理制度，不是要否定或遏制人们对自身利益的追求，而是要承认、适应并针对这一点。如此一来，岂不与企业组织目标一致性相矛盾？其实一点都不矛盾。这就要求“政策”制定者在制定“政策”时必须充分把握在这样的“政策”下，预计人们会有哪些“对策”，这些“对策”是否会影响企业组织发展战略目标的实现？如果基层单位的可能“对策”偏离了企业组织发展战略目标，就应该修改“政策”；如果基层单位的可能“对策”有助于企业组织发展战略目标的实现，为何要限制这种“对策”呢？“政策”

本来就应该针对可能“对策”而制定，通过合理的“政策”引导“对策”，把“对策”引导到有助于实现“政策”目标的轨道上来。所以，制定一个好的“政策”很不容易。政策的制定者必然要比对策的采用者略胜一筹。

第九章 责任会计

一、单项选择题

1. C 2. D 3. C 4. B 5. C 6. C 7. B 8. B 9. D 10. C 11. D

二、多项选择题

1. ACD 2. ABD 3. ABC 4. ABD 5. ABCD 6. AB 7. ACD 8. ABC 9. ABCD 10. ABD 11. AD

三、判断题

1. × 2. × 3. × 4. × 5. √ 6. √ 7. √ 8. √ 9. × 10. √ 11. √ 12. × 13. × 14. ×

四、计算题

1. （1）最适合评价部门的指标是分部贡献毛益。

分部贡献毛益 = 分部经理可控贡献毛益 - 分部经理不可控的固定成本
= 分部销售收入 - 分部变动成本 - 分部经理可控成本 - 分部经理不可控成本
= 12 000 - 7 000 - 900 - 800 = 3 300 元

（2）最适合评价部门经理的指标是分部经理可控贡献毛益。

分部经理可控贡献毛益 = 分部销售收入 - 分部变动成本 - 分部经理可控成本
= 12 000 - 7 000 - 900 = 4 100 元

2. （1）原有投资报酬率 = 360 000/3 000 000 × 100% = 12%

（2）新的投资报酬率 = (360 000 + 20 000)/(3 000 000 + 200 000) × 100% = 11.875%

若接受该项目，投资中心的投资报酬率由 12% 下降到 11.875%，该投资中心不会接受该项目。

(3) 原剩余收益 = 360 000 - 3 000 000 × 8% = 120 000 元

新的剩余收益 = (360 000 + 20 000) - (3 000 000 + 200 000) × 8% = 124 000 元

若接受该项目，投资中心的剩余收益增加，该投资中心会接受该项目。

五、简答题

1. 简述责任会计的内容体系。

责任会计的内容体系包括：①合理划分责任中心；②编制责任预算；③合理的内部转移价格；④建立健全严密的记录报告系统；⑤分析和评价实际工作绩效；⑥建立公正、权威的内部协调机制。

2. 简述成本中心及其考核原理。

成本中心是指只对成本或费用负责的责任中心，它的特点是没有经营权或销售权，只有成本发生，没有收入，因而其责任只是对在其职权范围内发生的成本或费用负责。成本中心的考核主要是考察其在保质和保量完成生产任务或搞好管理工作的前提下，控制和降低成本费用的情况。

3. 简述利润中心及其考核原理。

利润中心是指拥有产品或劳务的生产经营决策权，既对成本负责又对收入和利润负责的责任中心。它有独立或相对独立的收入和生产经营决策权。因而可以根据其利润的多少来评价该中心的绩效。

4. 简述投资中心及其考核原理。

投资中心是既对成本、收入和利润负责，又对投资效果负责的责任中心。投资中心具有利润中心所描述的全部职责，同时对于营运资本和实物资产也具有责任与权力，并以其所使用的有形资产和财务资产的水平作为绩效计量标准的中心。

5. 内部转移价格包括哪些形式？

内部转移价格包括市场价格、协商的转移价格、以成本为基础的转移价格（完全成本、完全成本加成、变动成本加固定费用）。

六、案例分析

1. 分部按四种内部转移价格计算 A 分部的内部销售收入及销售 15 000 个转换器的全部销售利润：

变动成本：100 + 50 = 150 元

销售收入：内部销售收入 = 150 × 7 000 = 1 050 000 元

对外销售收入 = 560 × 8 000 = 4 480 000 元

合计：5 530 000 元

销售成本：230 × 15 000 = 3 450 000 元

销售利润：2 080 000 元

完全成本：100 + 60 + 50 + 20 = 230 元

销售收入：内部销售收入 = 230 × 7 000 = 1 610 000 元

对外销售收入 = 560 × 8 000 = 4 480 000 元

合计：6 090 000 元

销售成本：230 × 15 000 = 3 450 000 元

销售利润：2 640 000 元

完全成本加成 50%：230 ×（1 + 50%）= 345 元

销售收入：内部销售收入 = 345 × 7 000 = 2 415 000 元

对外销售收入 = 560 × 8 000 = 4 480 000 元

合计：6 895 000 元

销售成本：230 × 15 000 = 3 450 000 元

销售利润：3 445 000 元

市场价格：560 元

销售收入：内部销售收入 = 560 × 7 000 = 3 920 000 元

对外销售收入 = 560 × 8 000 = 4 480 000 元

合计：8 400 000 元

销售成本：230 × 15 000 = 3 450 000 元

销售利润：4 950 000 元

2. 就该公司来说，应该选用市场价格。因为这样能够调动 A 分部的生产积极性，促使他们努力改善经营管理，不断降低转换器的成本。但站在 B 分部的立场上，应该选择变动成本作为内部转移价格。

第五篇　管理会计的新发展

第十章　管理会计发展简史

一、单项选择题

1. A　2. B　3. B　4. A　5. D

二、多项选择题

1. ABCD　2. ACD　3. ABD　4. ABD　5. ABC

三、判断题

1. ×　2. √　3. ×　4. √　5. ×　6. √　7. ×　8. ×　9. √　10. √

四、简答题

1. 金融市场与现代公司制度的发展是如何改变会计的社会经济地位的？

金融市场与现代公司制度的发展改变了会计的社会经济地位。这主要表现在：①会计成为一项特殊的社会服务业；②扩大了会计的服务对象；③拓展了会计的内容。

2. 金融市场与现代公司制度的发展是如何改变会计的职能的？

金融市场与现代公司制度的发展及其共生互动性，全方位地促进了会计学的发展，使会计的职能从考察较为简单的企业组织内部财产“经管责任”关系，发展到提供有助于决策的信息，从而在协调社会经济利益分配关系、优化社会经济资源的配置等方面都发挥着积极的作用。从此，“账房先生”不再是会计的代名词。

3. 简述20世纪管理会计的发展历程。

20世纪管理会计的发展历程大致可以分为追求效率的管理会计时代、追求效益的管理会计时代和战略管理会计时代三个阶段。

4. 简述21世纪企业组织面临的宏观环境特征。

21世纪企业组织面临的宏观环境基本特征是国际化、金融化和知识化。

5. 简述21世纪企业组织面临的微观环境特征。

21 世纪企业组织面临的微观环境基本特征是顾客化、竞争化和变化。

6. 简述 21 世纪管理会计的主题。

21 世纪管理会计的主题是培植企业组织的核心能力。

7. 有人将会计师称为历史学家。对此，你有何评论？

这种认识存在局限性：将会计等同于财务会计。从总体上说，财务会计反映历史，而管理会计则反映现在和未来。由此，会计（包括财务会计与管理会计）反映了企业的过去、现在和未来。

8. 著名管理会计学家、美国圣地亚哥州立大学 Chee Chow 教授指出："中国目前最需要的其实是管理会计而非财务会计。"罗彻斯特大学 Ray Ball 教授也明确地指出："中国国内会计急需解决的是管理会计问题。"对此，你有何评论？

（1）从金融市场与企业发展的角度看，金融市场的规范化发展的确离不开以对外披露企业财务信息为主的财务会计，但是，金融市场的繁荣更需要先进的以服务于企业经营管理为主的管理会计。毕竟企业是市场经济的主体，金融市场的繁荣依赖企业素质的提高。

（2）从中国企业组织的国际竞争力的角度看，中国企业组织的国际竞争力还较弱，亟需提升。管理会计有助于提升企业组织的核心能力，从而提升企业组织的国际竞争力。

（3）从会计人才培养的角度来看，财务会计主要体现了"如何做会计"，而管理会计主要体现了"如何用会计"。中国目前"如何做会计"的人才已经相对过剩，而"如何用会计"的人才则远远不够，需求却越来越大。

五、案例讨论题

1. 某人认为商业发展史上真正重要的创新应当是公司制度和商法的出现，这种看法有一定的道理。公司制度使得一批"志同道合"的"陌生人"可以积聚在一起创业，而商法保护了这些人的合法权益，从而使得铁路、汽车、印刷机、电话、电视、计算机芯片、光缆和互联网等成为可能。

2. （1）亨利与银行之间可能存在的利益冲突：股东与债权人的利益冲突。债权人属于"支薪阶层"，只关注"还本付息"问题，亨利作为股东属于"分享阶层"。

（2）亨利与其他股东之间可能存在的利益冲突：大股东与小股东的利

益冲突。

（3）亨利企业的职业经理人与亨利和其他股东之间可能存在的利益冲突：支薪阶层（职业经理人）与分享阶层（股东）的利益冲突，由此可能产生“道德风险”与“逆向选择”问题。

（4）会计通过财务报表公开披露信息（财务报表的编制过程已经遵循了体现这些利益相关者利益的会计准则），从而协调上述各方的利益冲突。

（5）从独资企业到公司这种企业组织形式的演变，会计信息使用者越来越多元化，从而推进了会计行为的规范化和会计信息的透明化。

第十一章　作业成本法与作业管理

一、单项选择题

1. A　2. B　3. B　4. C　5. C　6. C　7. D　8. D　9. A　10. D　11. D　12. B　13. D　14. B　15. B

二、多项选择题

1. BCD　2. ACD　3. ABCD　4. ABCD　5. AB　6. ABCD　7. BCD　8. AC　9. ABC　10. AB　11. ABCD　12. AC

三、判断题

1. √　2. √　3. √　4. √　5. ×　6. √　7. √　8. ×　9. √　10. ×

四、计算题

1. （1）直接人工小时合计＝25 000＋75 000＝100 000 工时

间接成本分配率＝20 000 000/100 000＝200 元/小时

分配给豪华型的间接成本＝200×25 000＝5 000 000 元

单位豪华型的间接成本＝5 000 000/5 000＝1 000 元/台

分配给普通型的间接成本＝200×75 000＝15 000 000 元

单位普通型的间接成本＝15 000 000/15 000＝1 000 元/台

单位：元

	豪华型	普通型
单位售价	4 000	2 000
单位产品成本：		
直接材料和人工	2 000	800
工厂间接成本	1 000	1 000
单位产品成本合计	3 000	1 800
产品利润	1 000	200

（2）每一作业成本动因的成本动因率

作业动因	成本	作业消耗	作业率
调整次数	3 000 000 元	300 次	10 000 元/次
机器小时	16 250 000 元	162 500 小时	100 元/小时
包装单数量	750 000 元	15 000 个	50 元/个

豪华型（5 000 台）

作业动因	作业率	作业量	间接成本合计	单位间接成本
调整次数	10 000	200	2 000 000	400
机器小时	100	55 000	5 500 000	1 100
包装单数量	50	5 000	250 000	50
合计				1 550

普通型（15 000 台）

作业动因	作业率	作业量	间接成本合计	单位间接成本
调整次数	10 000	100	1 000 000	66.67
机器小时	100	107 500	10 750 000	716.67
包装单数量	50	10 000	500 000	33.33
合计				816.67

盈利分析：

	豪华型	普通型
单位售价（元）	4 000	2 000
单位产品成本（元）：		
直接材料和人工	2 000	800
工厂间接成本	1 550	816.67
单位产品成本合计	3 550	1 616.67
单位产品利润	450	383.33

2. 机器运行作业（增值作业）：

增值作业的增值成本 = 当前的实际作业产出 ×（标准单位变动成本 + 标准单位固定成本）= 4 500 ×（200 + 150）= 1 575 000元

增值作业的非增值成本 =（增值作业标准数量 − 当前实际作业产出）× 标准单位固定成本

=（5 000 − 4 500）× 200 = 100 000 元

人工组装作业（增值作业）：

增值成本 = 3 000 ×（300 + 130）= 1 290 000 元

非增值成本 =（4 000 − 3 000）× 300 = 300 000 元

检验作业（非增值作业）：

非增值成本 = 20 000 + 500 × 90 = 65 000 元

增值成本 = 0

返工作业（非增值作业）：

非增值成本 = 22 000 + 400 × 150 = 82 000 元

增值成本 = 0

因此，该产品总增值成本 = 1 575 000 + 1 290 000 = 2 865 000 元

因此，该产品总非增值成本 = 100 000 + 300 000 + 65 000 + 82 000 = 547 000元

五、简答题

1. 简述传统制造分配方法中可能存在的问题。

沿用传统的单一基础分配间接费用的方法往往扭曲成本计算的结果，

出现成本高估或低估。其结果是：企业若低估产品成本，则可能接受表面上盈利而实际上亏本的业务；若高估产品成本，则将会有被竞争者抢占其市场的风险，因为这些产品的成本实际上低于报告给管理当局的数字，因而使企业丧失了在仍能获利的前提下降低售价以阻止竞争者进入其市场的机会。

2. 简述作业成本法的基本步骤。

作业成本法的基本步骤包括：①按活动内容区分不同类型的作业；②将成本分配到作业；③确定分配基础——成本动因；④计算单位作业成本——作业成本分配率；⑤把成本分配给产品。

3. 作业成本法的作业可分为哪几大类？

作业成本法的作业可分为：①单位水平作业；②批次级作业；③产品级作业；④设施级作业。

4. 简述作业管理中成本节约的措施。

作业管理中成本节约的措施包括：①作业消除；②作业选择；③作业减少；④作业共享。

六、案例分析

1. 运用传统成本计算方法计算各种美食食谱的成本及其利润。

单位机器小时分配率：（200 000 元 +300 000 元）/50 000 小时 =10 元/小时

精装本分配的制造费用：10 元/小时 ×42 500 小时 =425 000 元

平装本分配的制造费用：10 元/小时 ×7 500 小时 =75 000 元

各种美食食谱的成本及其利润如下表所示（单位：元）：

	精装本	平装本
销售收入	1 600 000	1 400 000
直接成本	1 250 000	600 000
制造费用	425 000	75 000
成本总额	1 675 000	675 000
利润总额	(75 000)	725 000

2. 运用作业成本法计算各种美食食谱的成本及其利润。

计算作业分配率如下表所示：

成本动因	成本库（元）	作业消耗量	作业分配率
机器小时	200 000	50 000	4
检验小时	300 000	15 000	20

计算制造费用分配率如下表所示：

成本动因	作业分配率	精装本	平装本	合计
机器小时	4	170 000	30 000	200 000
检验小时	20	50 000	250 000	300 000
合计	—	220 000	280 000	500 000

各种美食食谱的成本及其利润如下表所示（单位：元）：

	精装本	平装本
销售收入	1 600 000	1 400 000
直接成本	1 250 000	600 000
制造费用	220 000	280 000
成本总额	1 470 000	880 000
利润总额	130 000	520 000

3. 根据传统成本计算方法，该出版社应该停止出版精装本；而根据作业成本法，该出版社应该继续出版精装本。

第十二章　平衡计分卡

一、单项选择题

1. A　2. A　3. C　4. B　5. C

二、多项选择题

1. BCD　2. ABCD　3. ACD　4. ABCD　5. ABCD

三、判断题

1. √　2. ×　3. ×　4. ×　5. √　6. ×　7. √　8. √　9. ×　10. √

四、简答题

1. 财务绩效评价存在哪些主要缺陷？

财务绩效评价的主要缺陷包括：①脱离当今企业组织的经营环境；②犹如看着后视镜开车；③倾向于强调职能部门；④缺乏长远的战略思维；⑤财务指标与企业组织各个层次的相关性减弱。

2. 平衡计分卡包括哪些维度？

平衡计分卡包括财务维度、顾客维度、内部业务流程维度和学习与成长维度。

3. 平衡计分卡的逻辑起点与核心是什么？

平衡计分卡的逻辑起点与核心是企业组织的战略。

4. 基于平衡计分卡的绩效评价必须解决哪两个问题？

基于平衡计分卡的绩效评价必须解决两个重要问题：①企业组织的战略是什么？②用哪些指标引导并评价企业组织战略的实施成效？

5. 平衡计分卡需要平衡什么？

平衡计分卡除了平衡四个维度之间的关系之外，还需要平衡：①财务指标与非财务指标；②前置指标与滞后指标；③企业组织内外部不同群体的利益。

五、案例讨论题

1. （1）财务学教授与市场营销学教授对企业经营目标的认识，其异同表现在：

相同点：从各自职业特征出发，表述了企业的经营目标。

不同点：财务学教授表达的是企业经营的最终目标，市场营销学教授表达的是实现企业经营最终目标的手段。然而，手段与目标本身并不一致。也就是说，顾客满意了，企业的价值未必最大化。因为满足顾客的需求需要消耗企业的财务资源。

（2）如果财务学教授与市场营销学教授分别代表企业的财务部门与营销部门，可以通过“顾客给企业带来的利润率”这个指标来协调其认识差异。企业为什么要最大限度地满足顾客需求呢？目的在于通过最大限度地满足顾客需求，实现企业价值最大化。然而并不是所有满意的顾客都能够为企业创造价值。对于这种顾客，企业为什么要最大限度地满足其要求呢？通过“顾客给企业带来的利润率”这个指标协调企业的财务部门与营销部门的认识差异的实践意义在于使得企业财务部门与营销部门“讲同一种语言”，财务部门具有营销理念，营销部门具有财务理念，从而构建“和谐企业”，引导企业步入创造价值的轨道上来。

2. （1）Q公司实施平衡计分卡失败的原因主要是：①缺乏清晰的战略；②企业绩效评价不等于员工绩效评价，由人力资源管理部门实施企业绩效评价本身就有问题；③缺乏充分的培训，参与者并没有充分理解平衡计分卡的思维；④人力资源部总监S本身就没有真正理解平衡计分卡的思维。

（2）唐山建龙实业有限公司人力资源总监王晓冰有些说法很有道理。例如：①实施平衡计分卡必须具备一定的管理基础；②企业首先必须理解平衡计分卡的“游戏规则”；③平衡计分卡没有固定模式，具有“企业化”和“行为化”特征；④平衡计分卡必须与薪酬挂钩。不过，王晓冰对关键绩效指标与平衡计分卡关系的认识有问题。关键绩效指标是平衡计分卡的组成部分。同时，平衡计分卡的目的也并非保证年度目标的达成，而是保证战略的有效实施。如果平衡计分卡只是保证年度目标的达成，平衡计分卡也可能导致“急功近利”。这不是平衡计分卡的思维。看来，王晓冰本身并没有充分理解平衡计分卡的真谛。平衡计分卡的倡导者卡普兰教授曾经断言：“尽管世界500强企业有80%以上都在使用平衡计分卡，但有一半以上都用错了。”